世界みちくさ紀行

行方克巳
Namekata Katsumi

深夜叢書社

旅吟抄

写真＝行方克巳

血より濃き酒は血の色ジタンの冬

初旅のゲルニカに遭ふマハに逢ふ

【スペイン】

スコールや廃墟いましむアナコンダ

【カンボジア】

民草は土に居眠り十二月
星雲の滅びも一死荼毘寒く
人焼いて鼻梁焦がせり十二月

【北インド】

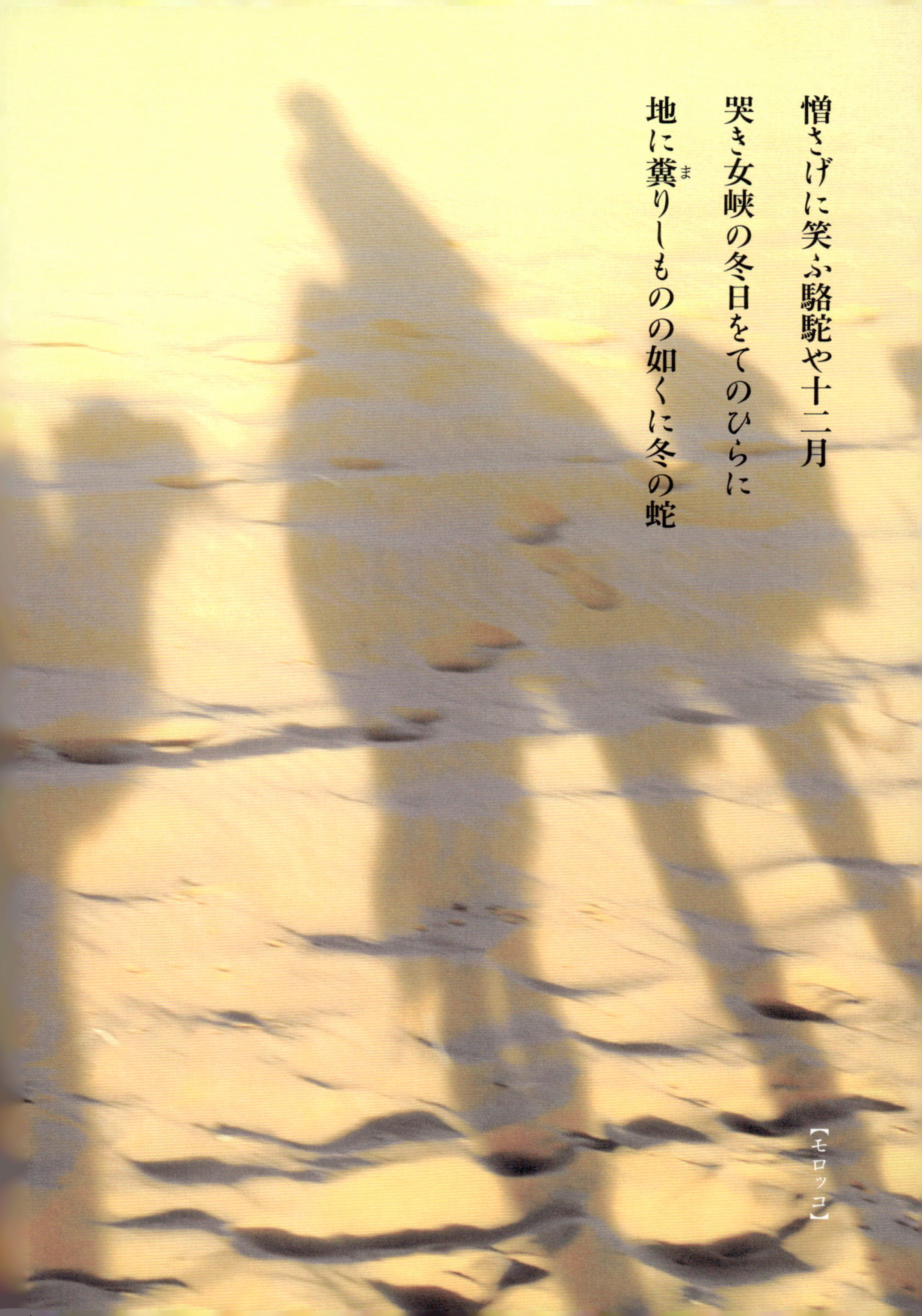

憎さげに笑ふ駱駝や十二月

哭き女峡の冬日をてのひらに

地に糞《ま》りしものの如くに冬の蛇

【モロッコ】

冬の蠅にせパピルスを買へ〳〵と

冬耕やナイルの恵みなき民の

冬の黙深し未完のオベリスク

【エジプト】

降誕祭もつとも遠き椅子にわれ

滝せめぐなり純白のブラックホール

鉈傷のごとく古道や夏燕

【南米】

辻仏膝下くすぶるまで灼けて

猿がゐて犬ゐて人がゐて五月

火炎樹の猛り仏の国しづか

【スリランカ】

焼却炉晩夏の花をつめこんで

生き地獄見て来し汗の眼鏡かな

汗かはき義手や義足や息絶えて

【アウシュヴィッツ】

神々の黄昏ながきビールかな
夏雲の飛石伝ひ地中海

【シチリア】

目次

contents

カバー写真——行方克巳
装丁——髙林昭太

世界みちくさ紀行

片目つぶってニューヨーク【アメリカ】

九・一一テロの後

二〇〇一年九月十一日のテロが発生する前は、「知音《ちいん》」の勉強会としてニューヨーク吟行旅行をしようという企てがあったのだが、当然のごとく、この話はポシャってしまった。まさか、あのテロの後で、皆さんご一緒にニューヨーク吟行へ、なんて言えるわけがない。そこで私一人、炭疽菌騒動にもめげずに行って来たというわけである。長年ニューヨークに駐在していた原川雀さんが、ニューヨークだったら目を瞑ってでも歩けるよ、というので、私は片目を瞑る程度に歩いてきたニューヨークについてその短い経験と最新情報を記そうと思う。本宿さんは息子さんがミュージシャンで、ボストンに住んでいるので時々、彼を訪ねているという。今回の私の旅は、本宿さんを通じて、私の教え子でもあるニューヨーク在住の砂川幸子さんに連絡を取ってもらい、その砂川さんにミュージカルについてあれこれと教えられた。そういうことも書いておきたいと思う。

このような御時世であり、またアメリカはセキュリティーがとても大変だということを聞いて、覚悟はして行ったのだが取り立ててどうということもなかった。成田では、抜き打ち検査というのか、アトランダムに指定されて靴まで脱がされた。しかし、ニューヨークでは意外なほどすんなり通関することができたのである。ただ、税関の前をスタスタ通ろうとしたら係官がグッと私の方に体を乗り出すようにして、私の頭から足先までしげしげと見るのである。私はすぐにピンときたから帽子を取って、「ＯＫ?」って言うと、にっこり笑って「ＯＫ！」。私の頭髪はその時すでにレインボーカラー。アメリカ人には大受けであった。

ホテルは、ブロードウェイの真ん中にある「マリオット・マーキーズ」。そこに決めたのは、演出家の中村哮夫さんのお勧めによる。ホテルから歩いてどこの劇場にも行けるし、安全でもあるというのがその理由である。新しくはないが、とてもいいホテルで、とにかくブロードウェイの劇場街の中心にあり、その中にも劇場があるくらいのホテルである。

チェックインすると、早速砂川さんにコンタクトを取り、色々と話を聞く、彼女はいま、文化庁の留学生として、ニューヨークのある劇団の芝居小屋でスタッフの一員として勉強中なのだ（日本での現職は東宝の演出部）。私が教員をしている慶應中等部の頃からの演劇少女である。ブロードウェイの近くで家賃二十万円のワンルームマンションを借りて住んでいるという。確かに高いことは高いが、ブロードウェイに近いし、安全だということで、それは彼女の必要経費なのである。

中村哮夫さんが、他人が世界のどこに行こうと羨ましくないが、ニューヨークだけは特別だと言うのが印象的であった。私がミュージカルを観てくるというと、色々な本やパンフレットの類いを貸してくれた。今度の旅は一週間足らずだからミュージカルのみにしたが、次回はニューヨーク・フィルも聴きたいし、メトロポリタン劇場でオペラも観たい。

東海林さだおではないが「アレも食いたいコレも食いたい」状態の私である。とにかく、ニューヨークは世界のあらゆるアーティストが集まっている都市。ほんのわずか滞在しただけで、ニューヨークを全部見てきたような気持になるのもまた事実である。

アメリカの最初の印象は、「汚い」「古い」であった。ジョン・F・ケネディ空港なんてかっこいい名前なのに、実際降り立ってみると、まず汚い。日本の成田でも羽田でも比べものにならぬくらい清潔感がある。空港からホテルに行く途中もお粗末な舗装で、日本とは大分感じが違う。アメリカって実に変な国である。世界一安全な飛行機を世界に供給したり、技術の最先端を行っているスペースシャトルを作っているかと思うとその落差は信じられないくらいである。建物もずいぶん古いものが多い。そのいかにも古色蒼然としたビルからも、あるいは最近建ったばかりのビルからも一階の外に出てきて煙草を吸っている人がいる。ほとんどのビルの中は禁煙なのである。外面はともかく、水道やガス、電気などの設備は一体どのようなメンテナンスが行われているのだろう。考えれば考えるほど分らなくなる。

このまま誰も住まなくなって無人になったら超高層ビルはどうなるのだろうか。

ニューヨーク市は安全都市だという。先の市長のジュリアーニさんが安全対策には相当の力を注いだといわれる。そう言えば街頭のいたる所にお巡りさんが立っている。むしろ日本よりも安全な感じがするくらいだ。行儀の悪いお兄さんが徒党を組んでぞろぞろ歩くなどという光景は少なくとも目にすることはなかった。普通の行動さえしていればニューヨークは安全なところ、という印象が最後まで残った。アメリカ人は無礼な人間が多い、などと思っている人が我々の中にはいるようだが、実際に目にしたり近付いたりした市民にはそのような人は全くいなかった。歩いていて肩などぶつかると、こちらがうっかりしていて謝らなければならない時にも、すかさず「エクスキューズミー」と向こうから謝ってくる。日本では一度もそんなことはない。ぶつかった途端にらみつけられるか、知らんぷりをされる。日本人は混雑した中でも、体がぶつかって触れても平気な傾向があるけれど、アメリカ人はすぐに謝る。非常に紳士的だと思ったことである。

日本の劇場は狭いところが多く、歌舞伎座などおばあちゃん達は開演の何分も前に来て、自分の座席の足許に大きな荷物を置いたりする。一寸遅れて入ったりすると、何か悪いことをしたかのように嫌な顔をされるのが毎度のことで、「すいません、すいません」と連呼しながら自分の席まで行かなきゃならない。ニューヨークではそんな場合には一斉に立って通してくれる。そういう意味でもアメリカは紳士の国なのである。見ならわなければならないところだ。

信号は無視するためにある

フランス人は道路の信号を守らないので有名であるが、それはニューヨークでも似たりよったりだ。私の見るところ九割方の通行人は信号には従わない。車が来ないと確認すると平気で渡ってしまう。日本には「赤信号みんなで渡ればこわくない」という名言（迷言）があるが、ニューヨーカーは一人だろうが二人だろうが、車が来なけりゃ渡る。なぜならば彼らは一方だけ確認すればいいからなのである。はじめどこにもあるワンウェイという看板は道路の名称かと思っていたら、一方通行のことであった。一方通行だから、右なら右、左なら左だけ確認して車が来なければ渡るということなのだ。日本は右見て左見てまた右見て、というようにしないと安全は確認できない。

マンハッタンは、横がストリート、縦がアベニューになっていて、それぞれ番号が付いているので非常に分りやすい。京都と似ているなと思った。北へ行くとストリートの番号が大きくなり、西へ行くとアベニューの番号が大きくなってゆく。

タイムズスクエアのあたりを中心に斜めにブロードウェイが伸び、劇場がたくさんある。タクシーはルーフに宣伝の看板をつけているのだが、そのほとんどが現在開演中のミュージカルである。たとえば『ライオン・キング』とか『オペラ座の怪人』とか、そういうものを載せている。日本で劇団四季が一年間のロングランとか言っているが、ニューヨークではそれこそ何十年もやっているミュージカルがある。それをずっとルーフの上に載せてタクシーは走っているのである。ニューヨークっておもしろい所だと思う所以である。

南のリバティ島に自由の女神が立ち、そこから北に少し上がったところに、例の世界貿易センタービルがあった。いま、そのあたりはポカンとそこだけ何もない。それ以前の景色は、写真で知るばかりだが、知っている人から見たら非常に奇異な景色だと思う。超高層のビルが二つ、すっぽり景色から抜けてしまったのである。

ニューヨークの地下鉄

ニューヨークでの移動の手段としてはタクシーが一番安全で安いと思う。五四〇メートルで二ドルで、それから三五〇メートル走ると三十セントということで、私も何度か乗ってみた。地下鉄もまた庶民の交通手段として本当に安くて安全な乗物だ。しかし、最初に切符を買うまでがなかなか大変だ

マンハッタン

ニューヨーク学院

った。地下鉄は一ドル五十セントの均一料金で、一駅乗ってもどんなに遠くまで乗っても一ドル五十セント。日本では、ニューヨークの地下鉄は危険だなどと言われていたけれども、実際に怖い思いなどちっともしなかった。ただ、地下鉄そのものはかなり古く、お世辞にも綺麗とは言えない。乗客は皆穏やかな感じで、黒人が多いようだが、我々のような旅行者も多く、全く違和感はなかった。しかし、どこの国にも悪がきはいるもので、ただで地下鉄に乗ろうとして改札口を飛び越えたりする若者がいたことも事実である。

ニューヨーク学院

慶應義塾のニューヨーク学院は、ニューヨーク州の外れのホワイトプレーンズというところにある。地下鉄のハーレム線に四十分ほど乗るが、当然のことながら料金は一ドル五十セント。有名なグランドセントラル駅が始発で、とにかく大きい駅で百何番線まである。乗るとすぐ切符を切りにくる。日本と同じだと思っていると、切符はそのまま回収されてしまって返してくれない。何だか不安になるけれども、均一料金だからそれで大丈夫、出るときはフリーパスということである。

短い滞在の一日を使って、ニューヨーク学院を訪れる。ホワイトプレーンズの駅の近くに、現在の学院長で、もと中等部長であった小田先生と、私の昔の教え子で今学院の生徒係で、国語を担当している河野君が住んでいる。

河野君の車で街を案内してもらう。イタリアン・レストランで食事をご馳走になった後、今日のお目当てのいよいよ学院へ。キャンパスは緑に囲まれたきわめて良好な環境に、校舎が機能的に配置されている。当日は、プレジデントデーとかで学校は休業していたが、何人かの生徒が自主的にクラブ活動をしている。その生徒は、私の目から見ると、とても素直でフランクな感じがした。普通教師のような来客があると故もなく拒否反応を示したりすることがあるのだが、彼らはとても人なつこい感じで、私も持参のカメラで彼らの活動風景を撮ったり、彼らと言葉を交わしたりして学院の雰囲気を楽しんだ。今後は是非ニューヨーク学院と色々なパフォーマンスをしようなどと話し合ったりしたが、残念ながら、今までそれは実現していない。

ミュージカル

さて、今度の旅の大きな目的であるミュージカルについて書こう。東京から三本ほどチケットを用意して行ったが、これは手数料も入っているしかなりの高額である。でも、まあまあの席が取れていたし、五泊の旅行で三本も観ればオンの字だろうと考えていたが、結果的には五つの舞台を観ることができたし、それぞれ内容が異なるのでよかったと思っている。

『コンタクト』。これは今度日本でも上演されるという。

『フォーティーセカンド・ストリート』(四十二番街)。

『ライオンキング』。超ロングの演目の一つ。和子さんは涙なしには観られなかったと言っていたが、私は大掛かりな装置などただただすごいなと感嘆するばかり。

『オペラ座の怪人』は日本でも経験したが、その時は一番肝心なところで寝てしまった。今度こそシャンデリアが落ちる時は居眠りをしないようにと心して観よう。

昔、『オーディション』というミュージカルがあったが、今でも実際オーディションで新人を発掘したり、主役級の俳優もオーディションでキャスティングするのだそうな。

『コンタクト』や『四十二番街』に出て来る女優さんの脚線美には目を奪われた。なるほど、この二本のミュージカルはダンスが多く、勢い脚の見せ場が多いということ。特に、ミュージカルと言いながら歌う場面が一つもない『コンタクト』は踊りながら芝居をするので、私など言葉が分らないから脚を眺めるしかないわけである。『四十二番街』もダンスが主になるので、とても綺麗な脚をした女優さんが大勢出てきて、私は大いに楽しむことができたのである。

ところが、『ライオンキング』では俳優さんは色々な動物の着ぐるみで出てくるから、脚がどうのこうのとは全く関わりがない。

『キャバレー』は雰囲気そのものが魅力的なミュージカルである。だからオーディションのとき、その出しものによってどういう俳優さんを選ぶかが自ずと異なってくるというわけだ。

それぞれのミュージカルで必要とされるキャラクターはそれぞれ異なるんだということを実感させられた。

ブロードウェイの劇場で踊ることのできる俳優は、皆トップダンサーなのだそうな。トニー賞などを受賞するのは、その中のさらに頂点をきわめた人達なのだろう。とにかくトップスターのダンスとか体付きを見ていると、やはりすごい努力をしているんだろうなと思わざるを得ない。

『オペラ座の怪人』の歌は本当にすばらしい。これこそまさに歌をきかせるミュージカルの決定版――。

『キャバレー』の演出はとても興味深かった。舞台が客席とフラットな続き具合になっていて、会場全体がキャバレーの中のように設えてある。丸テーブルがいくつも置いてあり、自分の席に座って待っていると、ウェイトレスが回ってくる。八時に開演ということで私は七時三十分頃から座っていた。すると『キャバレー』に出てくる女優さんのような人が注文を聞きにくる。舞台ではやはり女優さんが前の座席のお客さんをからかったりしてリラックスしている。何かウォーミングアップをしているような感じで——。私の席が最前列だったら、彼女らに話しかけられて往生したかも知れない。舞台と客席が一体となっていて、そのうち自然に芝居が始まってゆく。なるほどなるほどと感心せざるを得ない演出である。

『コンタクト』は砂川さんの推奨の作品で日本の公演もあるからできたら観に行けばと言われた。しかし、劇場がブロードウェイからちょっとばかり遠い。勿論切符は現地調達である。三十分ほど歩いて劇場の窓口まで行くと「ジャストナウ、ソールドアウト（今売り切れた）」とにべもない。欲しかったら並んで待て、というのでキャンセル待ちの看板のところで待っていると（二、三人待ち）、三十分くらいたってこっち来いと声がかかった。とてもよい席で、売り切れる前に買うよりよほど得をしたということになる。しかし、もっと人気のあるミュージカルだったらキャンセルがあるかどうか分らない。私は運がよかったのである。

TKTS

「チケッツ」という小さな窓口があって安いチケットを売っている。バラックみたいな建物だけれど、これがニューヨークの名物なのである。人気のあるものはそれほど安くならないが、かなり安くチケットが手に入る。けっこう人が並んでいるが、どうやら私が知っているような演目の券はないようだ。マリオット劇場のすぐ近くにあり、本当の演劇好きはこういう場所を利用して安くミュージカルを観ている。

砂川さんが手伝いをしている劇場に案内してもらう。そこはかなり古い小屋で長い間閉ざされていたのを改修して使っているという。ちょうど「モースト・セイント・パーソン」という一人芝居をやっていた。劇場は確かに古いけれど立派なものである。どうして慶應義塾にこういう施設がないのか。東大には安田講堂、早稲田には大隈講堂がある、それなのに慶應義塾にはそれらしきものは全くない。オペラが上演できないまでも、フルオーケストラが載るくらいの舞台を持ったホールは絶対必要なのだ。私はそれを馬鹿の一つ覚えみたいに言い続けてきたのだが、まだ実現していない。何が陸の王者だ、と言いたい。

砂川さんが、スタッフの男性に、自分の中学時代の先生で、英語は全く話せません、と紹介してくれた。そのためかあらぬか、私には誰も話しかけてはくれない。もっとも何か言われても困るだけなのだけれど。

エンパイアステートビル

昔から有名なエンパイアステートビルには、ニューヨークに来たからには是非とも行かなければ、と思っていた。そこで、ニューヨークのナイトツアーというのに申し込んだ。ニューヨークは一方通行が多いので夜景にも特色がある。車のヘッドライトとテールランプの色が違うから、ビルの上から見るとまるで星条旗のような美しいストライプになるのだ。何よりも驚いたのは、視野に蛍が飛び交うように飛行機の明りがそれこそ二十個以上も見えることであった。ニューヨークには飛行場が三つもある。私の知り合いの日航の機長さん（ＤＣ10を操縦している）が以前、ニューヨークで管制官の指示を聞きのがしたら大変なことになる、って言っていたことがあったが、その意味がやっと理解できた。まさに超過密状態のニューヨークの空なのである。

あるＪＴＢのコンダクターの話。例のテロの時丁度エンパイアステートビルにツアーを案内していて、その時テロリストの、二番目の飛行機が貿易センタービルに突っ込んだ瞬間を目撃して完全にパニックになってしまったという。

一つ目のビルが燃えていて、二つ目のビルに飛行機が衝突した。次に狙われるのは？　と考えたら生きた心地がしなかった。大急ぎで客をエンパイアステートビルから降ろしたそうだ。ニューヨークの夜景を見ていると、何があっても不思議はない街だなと思う。だからこそニューヨークは魅力的なのかも知れない。

大好きなステーキ

ニューヨークカットのステーキを学生時代アルバイトをやっていた炭焼ステーキの店で見ていたので、ニューヨークでは是非うまいステーキを食べようと考えていた。ステーキと書いてある店はいくらもあるのだが、どうもあたり前の店で、二度ほど入った店のステーキはただ大きいだけで味はまったくだめ。付けあわせのマッシュポテトとかフライドポテトが、どっさりと肉を隠さんばかり盛り付けられている。

三度目は少しは落ち着いてメニューを見られたのでもう一度ステーキに挑戦。醬油をもらってやっとまあまあの味になった。

美味しいところはお金さえ出せばいくらもあるらしいが、普通にステーキと看板のある店はどこも似たりよったりらしく思われる。

鮨はまあまあだが、やはりそこはニューヨークの鮨である。思っていた以上に美味しかったけれど、日本に帰ってすぐ馴染みの鮨屋さんに飛んで行ったほどだ。鮨バーというのは少しばかり高級らしい。とにかくニューヨーク子は鮨が大好きと見受ける。誰も上手に箸を使って食べていたけれど、さすがに手で食べている人はいなかった。

せっかくニューヨークに来たんだから、思い出に残るようなうまいものを——と思い、「ザガット」という食べ物情報誌を開く。五つ星だけれど値段は四つ星だとか、味は三つ星なんて書いてある。その本にニューヨークのフレンチ№1という店が紹介されていた。その店に昼食を予約。ネクタイ、上着着用と書いてある。ネクタイはしなくてもいいと言われて、私は上着だけ借りたけれど、日本人以外は皆上着にネクタイを着用している。こういう場所ではどうも日本人は旅行者だという甘えがあるようだ。店の名は「ル・ベルナルディ」という。私は四五ドルのコースを頼んだ。たくさんのメニューから生牡蠣とサーモンの料理をチョイスしたが、サーモンはとろけるように美味しかった。ただ日本人の私には量が多すぎる。なにしろホタテが大福餅みたいで、それが三個もある。

牡蠣は日本の方がうまいと思った。有名なグランドセントラル駅のオイスターバーにも行ってみた。けっこうな値段である。食べたあとで請求書を見たら、彼らのお勧めの一品は熊本産であった。わざわざニューヨークくんだりまで来て何でこんな高い熊本産の牡蠣なんか食うんだと思ったけれど、案外こんなものかなという気もしている。

ニューヨーク滞在の五日間何の危険にもあわず無事に帰国したことはやはり喜ぶべきことだろう。行くときに散々言われた炭疽菌なんか、あちらではこれぽっちも話題にならなかった。

炭疽菌のタンで思い出したけれど、日本では歩道などにやたらに痰やつばを吐く輩がいる。そこに浴衣がけの若い女の子などが平気で腰を下ろしたり、ごろんとしたりしている。

あんな光景はニューヨークでは全く見かけない。いわゆるジベタリアン、あれは絶対止めて欲しいと思う。日本人の祖先は竪穴式住居に住んでいたから、そのＤＮＡがいまになって出て来ているのじゃないかと思うが、何とかしなければ――。

ベルリン・フィルのジルベスター【ドイツ】

日経カルチャー主催の「年末第九を聴く、ドイツ音楽鑑賞の旅（八日間）」というのに参加して、二〇〇六年十二月に十八日から新年の四日まで旅の空で過ごした。

昨年の年末年始の期間は、同じ日経カルチャー企画の北海道の旅であった。振り返ってみると私の年末年始の旅はここから始まった。

外国への旅は久しぶりで、それも片道十時間を超える空の旅であるので多少の心配がないわけでもなかったが、エコノミー症候群に落ち入ることもなく、心臓がパクパクすることもなく、無事旅程を終えることができた。

成田発十時三十分のルフトハンザＬＨ７１１便。荷物も大きいし、あらかじめ預けておくこともできなかったので、成田まで愛車のメルセデスＳＬ５００で行くことにした。ところが、案の定というべきか、予約していたパーキングへの道をどこかで間違えてしまい、ほぼ三十分ぐらいの時間、成田市街をうろつく羽目になってしまった。

フランクフルトを経由して、ライプチヒに到着。街の最初の印象は「何と落書の多いことよ」であった。塀という塀、壁という壁に、アルファベットを組み合わせたような落書がびっしり。

ツアーのバスの中で、スルーガイド（滞在中ずっと一緒に行動して色々とツアーの仕事をしてくれる）のシュミット・ゴールドスミスという中年の女性が、分り易い日本語で色々とレクチャーしてくれる。彼女はただの観光地の案内人ではなく、大変にドイツの文化・芸術・政治に通じたすばらしい友人といった感じの人である。

ドイツ滞在中、私のレインボーヘアは、ほとんど無視されるか、冷ややかな視線を向けられるかであったが、彼女はまず私のヘアスタイルに注目して、ひかえ目ではあるが讃辞を呈してくれた。一般的にドイツ人は表情が固い。とくにイタリア系の国々と比べて、その差は著しい。彼らの目から見て私のヘアは、道化（ピエロ）の頭としか映らないのである。

ライプチヒのあたりは、ドイツでもとても失業率が高いという。そのために、外国人の労働者を排斥しようとする傾向があり、ネオナチなどの極右勢力がその力を増しつつあるという。ホロコーストは歴史上存在しなかった、と主張する輩がいるくらいであるから、ドイツ人の一部が過激化しようとする動きは、この不安定な情況下で考えられないことではない。

それにしても、あの悪夢のようなアウシュヴィッツ以来まだ七十年ほどしかたっていないのに、それこそ彼らの歴史認識は一体どうなっているんだろうと、疑問を感じないわけにはいかないのだ。

ゲーテの『ファウスト』の舞台とされている「アウエルバッハー・ケラー」で昼食をとる。このツアーだけの特別の計らいということで、地下のさらに地下の部屋に案内される。

そこは酒樽をかたどった部屋になっていて、四囲の壁に『ファウスト』の場面がいくつも描かれており、天井には魔女や、ファウスト博士が飛んでいる彫りものが吊り下げられている。

かつて『ファウスト』を読み始めて、結局すぐにいやになってしまったことを思い出した。あまりに長いし、全く現実味が感じられなかったというのが、その理由であるが、この旅を切っ掛けにして読んでみようかなどと思ったが、いまだそのままになっている。私にとって『ファウスト』はまだ旬ではないのかも知れない。

リッカルド・シャイー指揮のゲヴァントハウス管弦楽団とその合唱団の「第九」。合唱団は、小学生くらいの少女からかなりの年配までの年齢構成であり、少女たちの歌い手はまさに天使そのものである。

バスでベルリンへ移動。ブランデンブルク門など市内観光。

落書の類いはライプチヒに比べると大分少く、街は落ち着いた感じである。東西に分断されていた時代の壁が残されているが、切迫感はすでになく、人々の表情も平和そのものという感じ。

夜は、楽しみにしていたベルリン・フィルハーモニー管弦楽団のニューイヤー・イヴ・コンサート（ジルベスター・コンサート）である。はじめのうちは大晦日と元日を行ったり来たりして開催されていたらしいが、現在では大晦日の演奏会に固定された。有名なウィーン・フィルハーモニーのニューイヤー・コンサートと共に世界各地に実況中継されている。

ベルリン・フィルの本拠地フィルハーモニーは流石にムード満点である。現在のホールの建物はカラヤンの時代に建てられたという。

私などの音楽オンチにとっては、ベルリン・フィルといえばカラヤンである。私の大学の同期生に、カラヤンとベートーヴェンを連呼していた音楽好きがいたことを思い出した。

そのカラヤンは戦前ナチス・ドイツに協力的であった指揮者ということで、かつて演奏会の時たった一人の聴衆もないことがあったという。ユダヤ人がすべてのチケットを買いしめてしまい演奏会をボイコットしたのだ。そういう方法で、カラヤンにユダヤ人の積年の恨みを伝えたかったのであろう。しかし、その後のカラヤンとベルリン・フィルとの関係は周知の通りである。

今夜の指揮はサイモン・ラトル。内田光子のピアノで、モーツァルトのピアノ協奏曲二十番である。彼女の評価が、音楽の本場であるここベルリンでもとても高いということを実感した夜であった。内田光子は自分の曲を演奏した後、一般席で次の交響曲を聴いていたが、客席の彼女にも暖かい拍手が送られていた。

今夜は大晦日ということで、市内はニューイヤーを迎えるためのお祭気分に満ちている。市の中心では打ち上げ花火が大輪の花を咲かせる。近隣では辻に大勢が繰り出して、爆竹やら手花火やらをひっきりなしに炸裂させる。ビルというビルの間にその音が響き渡ってまるで市街戦のようなすさまじさである。日本の手花火を考えると、ずいぶん民族性が違うものだと思わざるを得ない。しばらく街中で彼らが繰り広げる乱痴気騒ぎを見ていたが、いつまでいても仕方がないのでホテルに帰って寝てしまう。こういう時の一人はつまらないものだ。

外ではいつ果てるともなく花火の音がしている。こうしてカウントダウンがすむと、あっけらかんと新年が始まるのである。

バスでドレスデンに移動。聞きしにまさる美しい街並みである。第二次世界大戦のとき、ドレスデンは連合国の苛酷なまでの爆撃により、ほとんど壊滅状態になったというが、そんな過去があったとも想像できないくらい美しく復興しているのである。

ドレスデンは軍事的な意味では、それほどまでに叩き潰す必要があろうとは思われない文化的歴史的都市である。何故それほどまでに執拗な爆撃を行ったのか。日本への空爆も、東京は火の海にされ

ベルリンのビルの壁

ベルリン・フィルハーモニー

たのだが、歴史のある京都や奈良などの文化都市は、難をまぬかれている。連合国の中心であるアメリカに、あるいはドイツ民族の文化に対するジェラシーでもあったのであろうか。

とにかく古都ドレスデンは、完膚なきまでに破壊されたという。

宿泊したホテルから、ほんの五分ほどのところに位置するドレスデン国立歌劇場も、空襲で見る影もなく破壊されてしまった。しかし、同じ運命をたどった他の歴史的建造物と同様、レンガを一つ一つ拾い集めて時間をかけて復活させていったのだ。全く新しく造ればどれほど簡単で安く仕上がるか知れないのである。ところが、そこがドイツ人魂のすごいところである。使えるものは一片のレンガすら捨てることなく、ゆっくりと復興をはたしていったのだ。

新しいレンガと元からのレンガの色の違いなどが見えるのだが、それもあと何十年かすれば見分けも付かなくなるに違いないだろう。

マイセン陶器の工房を見学する。家具ほどもある大きな陶器から掌にのるような小さな人形まで、また様々な台所用品、カップ、ソーサーの類い——。実に美事なものである。私もいくつかのマイセンを持っているが、うっかりするとどこかが欠けてしまう。今度の旅では、決して欠けることがない「マイセン陶器の本」を買って帰った。

マイセンの長い歴史の中ではいくたびか盛衰もあったし、また、企業秘密を守るために様々な手管を用いたようである。色々興味深い話もあったがここでは割愛する。

ドレスデンに戻って、ツヴィンガー宮殿等を観光。

夜はドレスデン歌劇場で『トリスタンとイゾルデ』を観る。外部は勿論その内部もすばらしい夢のような音楽堂である。この旅の記憶として長く心にとどめておきたいと思った。

自然は急がない【スペイン】

二〇〇七年の新年はドイツのベルリンで迎えたが、今年（二〇〇八年）はスペインのグラナダで新年を祝った。

スペインは以前ヨーロッパを駆け足で回った時にマドリードに一寸立ち寄った経験があるぐらいだった。しかし、その時に見学したプラド美術館の「裸のマハ」がとても印象に残った。是非またマハに再会したいものだと思っていたが、それがかなったのはうれしいことである。

サグラダ・ファミリア聖堂は是非一度この目でしかと見ておきたかったが、その時はとてもバルセロナに足を伸ばすような余裕はなかった。ガウディという建築家の名と、実に奇妙なその教会だけは昔から関心があった。何故あんな奇抜な建物が教会として造られるようになったのか——。私はどちらかというとパリのノートル・ダムのようなどっしりとしたゴシック様式の方が寺院としては安定感があり、普遍的なものだと考えていたし、聖家族教会の建物を魅力的だと思ったことはなかった。しかし、何かひっかかるものをずっと感じ続けて来たのは事実である。

まず、今度のスペイン周遊のスケジュールを紹介する。

十二月二十六日（水）　午後成田を出発。アムステルダムで飛行機を乗り継いでバルセロナへ。昔はマドリードに直行便があったそうだが、現在ではアムステルダム経由しかない。勿論直行便があれば便利なのだが、赤字のため廃止とあって仕方がない。

バルセロナは「フィラ・パラス」に二泊。バルセロナ市内観光（聖家族教会、カサ・バトリョ、グエル公園、カサ・ミラなどガウディに因んだ建築を見て回る）。ピカソ美術館を見学。

十二月二十八日（金）　バルセロナからセビリアに向かう。セビリア市内観光。大寺院、ヒラルダの塔、スペイン広場など。バスで宿泊地カルモナへ。ホテルは十四世紀の古城の内部を改装したもので、このような国営の宿泊施設が全国いたるところにある。

十二月二十九日（土）　バスでロンダへ。この間一七九キロ。ヌエボ橋、ロンダの闘牛場見学。この時期は実際の闘牛はない。コスタ・デル・ソル（太陽海岸）を目指して六〇キロあまり走り、フエンヒロ－ラ着。ホテルは「ビアトリス・パレス・ホテル＆スパ」。きれいなさざれ石や貝殻がたくさん拾える海岸に面して建っている。

十二月三十日（日）　バスでミハスへ。オリーヴの博物館など見学。午後約一五〇キロを走りグラナダへ。ホテル「サライ」に連泊。闇に浮かぶアルハンブラ宮殿を街の一角からのぞむ。翌日アルハンブラ宮殿観光。夕食はガラ・ディナーを楽しむ。このディナーは街の人にとって年越し、そして迎春の節目の行事である。

一月一日（火）　コルドバへ（約一九五キロ）。宿泊は「パラドール・デ・コルドバ」。オリーヴ畑ばかりの道をバスはひた走る。いくつかの古城を遠望する。

一月二日（水）　この季節にはめずらしいという雨。市内観光の後コルドバ新幹線駅へ。およそ二時間四十五分でマドリードに到着。プラド美術館見学。なつかしい「裸のマハ」に再会。夜、鈴木庸子さんに紹介された画家の加藤力之輔さんの子息大介さんに会う。彼の案内で小さなサロンでギターとジプシーの歌をきき、後にフラメンコを観る。

一月三日（木）　トレド。市街観光、「ゲルニカ」を見る。

夜、フラメンコ・ショー。昨夜とは異なったタブラオ（フラメンコの会場）であった。その前大介さんのアトリエを見せてもらう。スペイン人の奥さんは仕事で不在だったが、大介さんの現在制作中の意欲的作品とカメラにおさまる。フラメンコの後、再び大介さんの案内で深夜のマドリードを散策、印象的な一夜であった。

一月四日（金）　セゴビアへ。ローマ時代の水道橋など見学。

一月五日（土）　マドリードを発ってアムステルダムへ。トランジットの間、船で「アムステルダム運河巡り」。

一月六日（日）　夕刻成田到着。

ざっとこのような日程でスペインを半周する旅を終えたのであるが、その中で感じたこと思いついたこと、印象的であったことなどをいくつか記してみようと思う。

様々な天才達

はじめ今回の旅の予定地はN社の「モロッコ」だった。昨年は催行されたこの旅は希望者が少ないということで取り止めになり次善の策としてインドをと思ったのだが、これはすでに航空券が手に入らないということで駄目、急遽ＪＴＢに依頼してスペイン旅行に変更した。

何故スペインか。それははじめにも書いた通り、ガウディのサグラダ・ファミリア聖堂をこの目で見たかったこと、それに尽きる。

この旅は、私の長年の思いが、まず旅の初めにかなうという日程であった。楽しみは後の方が、という考えもあるだろうが、何事も新鮮なうちに――がやはり私のようないいかげんなタイプの人間にはかなっている。

スペインという国は不思議な国だ。建築家ガウディをはじめ、画家のピカソ、ダリ、ミロ、そしてグレコやベラスケス、ゴヤ等々――。

天才という言葉があるが、まさにその天才以外の何ものでもないという画家たちの、一枚一枚がまさに驚きをもって思い出されるのである。こんな国は他にはない。

ガウディ

ガウディは一八五二年、金物細工師の子として生まれ、かなりの苦学を強いられてバルセロナの建築学校を卒業している。その出世作が一八七八年のパリ万博に出品した手袋屋のショーケースのデザインであったということはおもしろい。後年までずっとガウディのスポンサーであり続けた実業家グエルがこれに注目し、以後自邸をはじめ、様々な建築物を彼に依頼することになる。

今度の旅ではグエルの邸宅「カサ・ミラ」、「カサ・バトリョ」と、グエルの名を冠した公園、そして「サグラダ・ファミリア（聖家族教会）」などいくつかの、ガウディの作品に接することができた。

市街地に建てられている「カサ・ミラ」を見学する。ガウディの主張として、「自然界に直線は存在しない」ということがある。確かにガウディの建物はその主張通りほとんどが曲線（面）をもって構成されている。唯一窓ガラスはよほどのことがない限り平面である。しかし窓枠は波うっていて彼の考え方がかなり徹底している。「カサ・バトリョ」にも同じことが言えよう。それでは床はどうなんだ、ということこれは普通通り平らである。でも床に関して言えば、それは地球の一部であって、「星の王子様」風の地球であったら足元は曲面にならざるを得ないが、床がとてつもなく大きい地球の一面であることを考えれば、それは限りなく平面に近いものとなり、ガウディの考えに背くものではないだろう。これらの建物は現在では居住目的には使用されていない。しかし、バルセロナを訪れた人が聖家族教会と共に必ず見学するガウディの建築として知られているのである。今から百年も前に、このような建築を我が家として注文したグエルの先見性には脱帽。

グエル公園は、もともとイギリス風の田園都市を造成しようと構想されたという。日本で言えば田園調布の住宅街である。しかし資金不足などのために、当初の目的は達せられなかった。その代案として、このバルセロナ市街を見下ろす絶景の地に公園として生かされることになったのである。大きな建造物として、市場として造られた多くの柱をもった建物がある。その屋上は見晴らしのよい中央広場として市民の憩いの場となっている。その広場をぐるりと取りまいて作られたタイルのベンチは人間の体型に合わせてかたどられており、ユニークな曲線を取り入れている。住宅街としては目的を達しなかったけれど、まさにガウディの真髄を示した建造物と言うことができよう。いたるところに用いられているタイルのモザイク模様の美しさは、種類は全く違うが日本の着物の模様にも匹敵する美しさである。眺めていて時間を忘れるほど楽しかった。

カサ・バトリョ

グエル公園

サグラダ・ファミリア聖堂

丘の上の公園を走る道路は石で造られた橋脚に支えられている部分が多い。一寸見にはいかにも脆弱に見える支柱が造成後、倒壊したことは聞かないし、まだそんな事故もないという。サグラダ・ファミリアのところで述べようと思うが、一見弱々しく見える部位にも、着実な強度計算が行われているということは紛れもない事実なのである。

十九世紀末のバルセロナはかなり強大な経済力を持つ世界でも有数の都市であった。いわゆる世紀末であるが、絵画や建築などでもフランスのアールヌーボーに並ぶ、モデルニスモ（近代主義）という様式が盛んに行われた。ガウディの建築もまたこのモデルニスモを代表するものであった。

サグラダ・ファミリア聖堂は一八八二年に着工され、その後最初の建築家ビリャールの辞任で、三十一歳のガウディに引き継がれた。彼はそれ以後彼のすべての人生をこの聖堂建築にささげた。一九二六年、七十三歳で耳が遠くなっていたガウディは市電にはねられて死去、あまりのみすぼらしい服装に誰もガウディその人と気付かなかったという。

私がサグラダ・ファミリア聖堂の存在を意識したのはいつの頃か記憶にはないが、とにかく何て奇妙な建物を造るんだという印象が強く、いつか必ずこの目で確かめてみたいと思うようになっていたのである。その印象は、まるで子供が海岸で砂遊びをする時に、たらたらと塩水を含んだ砂を積み上げて作る城のようでもある。勿論この城は潮がさっと寄せてくればすぐに崩れ去ってしまう。そうでなくても高く積み上げれば自然と崩れるのが常である。そんな砂泥を積み重ねたような建造物としか私には思えなかった。それにもう一つ、この教会はまだ建築中で、完成にはあと二百年もかかる、というのがまた不思議の一つであった。スペインには、ユネスコの世界遺産に登録されている古跡がたくさんあるが、はじめサグラダ・ファミリアは世界遺産としては認められていなかった。その理由は、教会が未完成であるということであった。しかし、ガウディが手がけた東側の「御生誕の正面」と呼ばれる部分と有名な四本の鐘楼はすでに完成している、ということで世界遺産に指定されたというエピソードがある。その後は寄付金も多く集まるようになり、日本人のアーティストをはじめ、教会建築に携わる人も多くなり、近年では、あと数十年で完成するかも知れないと言われるようになった。

自然は急がない――

帰国後、NHKのハイビジョンでガウディのサグラダ・ファミリア聖堂について放映していた。一ヶ月程前に訪ねたばかりであったので何だかとても身近に感じた。

ガウディはこの聖堂を光に満ちたものにしたいと常々願っていたという。このような教会建築で、光を取り入れる方法はただ一つ、ステンドグラスを多く用いることである。

現在、サグラダ・ファミリアのステンドグラスは一ヶ所の工房にまかされているのだそうである。そしてそのステンドグラスのデザインもまた一人のアーティストに委ねられているという。これほどの大規模な建築物に関して、そのようなことは日本などでは有り得ないことではないだろうか。多分いくつもの工房やアーティストがそれぞれを分担して協同作業をする、というのが普通である。その方が工期も短くて済むはずだし、職人の健康など考えると複数の工房が関わるのが日本的なやり方だと思う。

しかし、サグラダ・ファミリアは違うのだ。それは多分ガウディ以来の伝統なのだと思う。ある一つの分野はその専門家にまかせるという方法は、一見問題があるように思われるが、その部門のアーティストが力を存分に発揮できるというものである。番組の中で、現在聖堂のステンドグラスはおよそ二〇パーセントが完成しており、あとの八〇パーセントを仕上げるのにはおよそ二十年くらいはかかるだろうという。その頃には聖堂の他の部分も完成していて、ガウディが構想していた明るい聖堂が、多くの人々を魅了するのかも知れない。

スペインの市街もウィーンやパリのように美しい。その中に違和感があるというのでもなければ溶け込むという様子でもなく聖家族教会はある。ガウディの存命中この教会の建設は遅々として進まなかった。その理由は色々とあるだろうが、やはり当時のバルセロナの市民にとってあまりに新奇すぎたのではないだろうか。それに完成するまで二百年もかかるとなれば寄付の集まり方もふるわないのはよく理解できる。しかしガウディはすばらしい。あまりのスローな進捗状況について文句が出たときに、「自然は急がない――」とか言ったのだそうな。そういうわけでガウディの不慮の死以後も建築は連綿と続けられて来たのである。

ガウディの建築はその大きな部分から細部に至るまで、自然を模することが多い。「自然は自分の建築の先生である」とはやはりガウディの言葉として知られているが、尖塔の頂きの装飾や、伽藍を支える柱やその細部の幾何学模様なども自然に負うところが多い。我々が聖堂の天井を見上げたとき、その天蓋を支える柱は、あたかも大木が何本もの枝を大空に拡げているようである。我々が樹木を見上げた時と全く同じ安堵感が聖堂の中に形成されている。小さな巻貝や木の実、様々な形をした枝や木の葉、それらすべてがガウディの建築の中で活性化されている。このことを知らないうちは何て奇妙な飾りだとしか思えなかった一つ一つの装飾部分が生彩を帯びて来るから不思議である。大きな波のうねりの一瞬を捉えたフォルムから、強度の高い構造部位が作られていることも知った。一見無造作な様々な装飾と自然との親密な関わりがガウディの特色なのである。
俳句の一筋につながって汲々としている私は、芭蕉の「松のことは松に習へ、竹のことは竹に習へ」という言葉をふと思い出したことである。

ピカソ美術館その他

ピカソ美術館はピカソの九歳の時の作品から、ベラスケスの有名な画からヒントを得た連作まで展示するユニークな美術館である。子供の頃の作品は、すべて母親が保存してあったもので、ピカソの早熟ぶりを遺憾なく発揮する。十五歳の時描いた「初聖体拝領」や翌年に出品した「科学と慈愛」などすでにあらゆる絵画の技法をマスターしてしまった一流画家の雰囲気がある。彼の早熟をして天才ピカソを云々する向きが多いが、私は「ゲルニカ」の出現をもってはじめて地球的大きさのピカソを認識するものである。

バルセロナから空路セビリアに向かう。セビリアからバスで宿泊地のカルモナへ。今日の宿泊施設はパラドール・カルモナといって国営のプチホテルである。スペインでは全国各地の古城や古い僧院などを改修してホテルやレストランにしている。今回の旅行ではこのカルモナのパラドールの他にコルドバでも宿泊した。なかなか風情があるし、食事も上質である。日本の国民宿舎とは大分趣を異にする。

やはり石造りの家の国と、紙と竹の我が国とは違うのである。部屋の鍵なども古風なものが多く、私のような不器用な者は扉を開けるのに難渋することになる。ともかく何百年も前の館が現在も用い

塔屋から市街地を望む

られていることに文化の違いを感じないわけにはいかない。

グラナダとは石榴を意味する言葉だという。そういえば色々なところに石榴をデザインした紋章を見掛ける。ここのホテルはサライ。昨夜はライトアップされたアルハンブラ宮殿を、翌日は昼間ゆっくりと宮殿の部屋を見学。

ガラ・ディナー

今夜は一年の最後の夜ということでガラ・ディナーが予定されている。ガラ・コンサートの経験はあるが、ディナーは初体験である。ガラとは特別な、という意味だから、何かおもしろいことがあるのだろう。旅行の衣服の中でせいぜいおしゃれをして定刻にロビーへ下りて行った。するとどこから現われたのかと思われるようにびしっと決め込んだ紳士と、豊かな胸もあらわな女性達、そしてこれもまたすっかりめかし込んだ小さな紳士淑女がフロア狭しとばかりあふれている。大人は誰もがカクテルグラスを手にして楽しそうに談笑し、子供は子供で（これがまた大変可愛いらしい）小さなケーキを食べたりジュースを飲んだりして楽しんでいる。

日本人は他にも宿泊しているはずであるが、このフロアにいるのは我々ばかりである。聞けばここに集っている男女はこの土地で様々な職業で成功しているいわば名士であるという。若者達だけのグループもあるのだが、本当に皆生きていることを楽しんでいるように思えるのだ。

やがてパーティー会場に移って食事がはじまる。テーブルの上に葡萄の粒が十二個ずつ用意されている。カウントダウンが終らないうちに、全部を食べると新しい年はよい年になるというのである。

私も一粒残らず食べ終ったのは言うまでもない。

やがて新年になるとそれぞれのテーブルの者同士がおめでとうのハグとキスを交わす。私は初め物めずらしそうに眺めているばかりだったが、私達のテーブルにも何人もの美男美女がやって来て、おめでとうの挨拶をする。私はどうしても右手だけが出てしまって結局何人かの美人と握手しただけにとどまった。ああ——。今度このような場面にはきっと両手を広げて、遠慮なくハグすることにしよう。

まあ残念だったことはさておいて、スペインの人達がこれほどメリハリのある生活をしているのだということが、このガラ・ディナーにもうかがわれて興味深かった。日本の正月はそれにひきかえ、と考えざるを得なかったのである。

コルドバからスペインの新幹線AVEでマドリードに向かう。マドリードはこの季節には珍しい雨である。寒い寒いと言われてその心づもりで来たスペインであったが久しぶりにその寒さを意識した。

マハに再会

プラド美術館では「裸のマハ」に再会した。ゴヤの絵で私の最も興味深く思うのは「カルロス四世一家の肖像」である。ここに描かれている王族のどれもが少しの気品も感じさせない。わずかに画面の右端に描かれた女性のみが本当に美しいだけである。写真だって注文主に合わせて修整をほどこすのがあたり前なのに、このリアリズムは一体何なのか。「いや、本当に描けばもっとひどいんだよ」という声もあったが——。

ゴヤの黒い絵のシリーズはもっとゆっくりと眺めていたかった。彼の「マドリード、一八〇八年」

に描かれた男の眼が忘れられない。とにかくグレコ、ベラスケス、ゴヤなど、スペイン人の血はアートの血である。

ソフィア王妃芸術センターで見たピカソのゲルニカは真の意味でピカソを世界のピカソに位置付ける絵画だと思う。

先にピカソ美術館で彼の早熟ぶりをいやというほど見せつけられたが、早熟ということすなわち天才とは言えない。私はゲルニカを得てはじめてピカソは世界が忘れることのできない存在になったと信じている。ミロ、ピカソ、ダリ――なんという豊かさ――。

話は前後する。

マドリードに到着した夜、はじめて加藤大介さんに会った。両親とも日本人なのに、顔立ちが何となく二世っぽく感じる。彼の奥さんがスペイン人で、このマドリードで生まれたせいもあるだろうか。大介さんの案内で夜のマドリードを歩き、小さなライブハウスで、ギターとフラメンコの歌を聴いた。とても美しい若い歌い手で、ギタリストも美男である。その後タブラオ（フラメンコの会場）でフラメンコを観賞した。翌日の夜はフラメンコ観賞はコースに入っていたが、もちろん違う劇場である。

皆でフラメンコを楽しんだ後、大介さんと待ち合わせて、彼のアトリエを見せてもらった。うまく表現できないが壁一面に紙を細く切って作った様々のフォルムが貼り付けてあったのが印象的であった。彼が現在進行形で手がけている作品である。その他奥さんのアトリエも覗かせてもらった。すでに名をなしている父親がマドリードにいるとはいえ、これから彼がこの世界で生きていくのは大変なことなのだという感を強くした。その夜は私としてはかなり思い切ったところに案内してもらった。忘れ難い思い出である。

セゴビアで見学したローマ時代の水道橋は、よくこんな石で組んだだけのものが残ったものだと感心する。

日本の神社建築などで木を材料としながら一本の釘も使わないことがある。これは木の特性を知悉しているからできることである。水道橋も石の重みそのものが橋を支えるという力学的な知恵があってのことで、鉄などの材を用いたものはとても何百年と持つことはない。ものごとの基本ということをつくづくと考えさせられる。

以上がかけ足でスペインを半周した印象である。

＊

旅吟抄

冬夜は楽生むべし穴居のボヘミアン
神の血は凝りたるまま冬の雨
血より濃き酒は血の色ジタンの冬
初旅のオリーヴ畑行けど行けど
初旅のゲルニカに遭ふマハに逢ふ

東洋のモナ・リザと子供達【カンボジア】

写真大好き人間が五人、二〇〇八年九月、カンボジアのシェムリアップを訪れた。それぞれ重いカメラバッグを肩にしている。五人のうち二人は二度目のカンボジア、後の三人は今回が初めてである。これは、当地二度目の私の目に映ったカンボジアに対する感想を私なりに綴ったものである。

カンボジアという国を私が強烈に意識したのは、ずいぶん昔のこととなるが、映画『キリング・フィールド』をテレビの深夜の映画番組で観て以来のことである。

一九七九年から三年八ヶ月に及ぶポル・ポト政権下で行われたクメール・ルージュによる弾圧は凄惨を極めた。医師や教師などの知識階級の虐殺をはじめ、反ポル・ポト勢力の大量殺人は目を覆うばかりである。この映画は報道関係に従事していたカンボジア人と外国人記者がいかにして政権の目をのがれて国外に脱出したか、スリルと恐怖に富んだ内容であった。

今、私達の歴史を少しばかり回顧すると、第二次世界大戦以来、日本の国土と日本人が直接関与した戦争は全くない。一説に、これまでの歴史の中で、二十年以上戦争がなかった時代は皆無であるという。一転して地球規模で世界を見渡すと、いたるところで爆弾が炸裂し、毎日のように死傷者が出ている、という現実がある。そんなことを何となく考えながら、カンボジアの土を踏んだのである。

カンボジアには日本からの直行便はなく、ベトナム航空でハノイに行きそこからシェムリアップに向かうか、日航機でタイのバンコックを目指し、そこからシェムリアップに入るかの、二通りがあるのだが、私達は多少時間のロス等はあるがバンコック経由を選択した。

カンボジア（正式にはカンボジア王国）と言えば、世界遺産でもあり、国旗にもデザインされているアンコール・ワットが最も有名である。シェムリアップという街は、このアンコール・ワットをはじめとするきわめて多数の遺跡群を含んでいる。だから、アンコール・ワットその他を観光するためにはこの地が最も利便がよいということで、遺跡観光によって栄えている街ということができる。首都はプノンペンである。

ほとんどの遺跡がシェムリアップ近郊に存在することもあって、観光客は一日から一週間のパスを買って、遺跡群の入口から入場することになる。ちなみに私達は三日間有効のパス（四十ドル）を用意した。

アンコール・ワット

アンコール・ワットは十二世紀半ばの建築で、ヒンドゥー教のヴィシュヌ神に捧げられた寺院であるが、同時に創建者スールヤヴァルマン二世の墳墓でもある。このアンコール・ワットを代表とする遺跡が、シェムリアップ地域に多く存在するのは、この地がアンコール王朝の聖地であるという伝統によるものである。

アンコール・ワットの建造物で、特に私が注目していたのは三重の回廊の一番外側の第一回廊にあるレリーフである。それは人間の死後の世界を表現したいわゆる天国と地獄の像である。極楽はさておいて、私が最も興味深く感じるのは地獄の模様である。大きなヤットコのような道具で舌を抜かれたり、火責め、水責め、ムチ打ちなどのあらゆる刑罰にあえぐ人々が描かれている。初めてこのレリーフを見たときは、あまりに日本の地獄絵に似ているのでびっくりしたものである。しかし、人間が地獄というものを想定する時、おそらく人種や歴史を問わず、同じことを考えるのではないか、と今は思う。

このレリーフをクリアに撮影したい、というのが私のかねてからの願いであり、そのために重い三脚やらマクロレンズを持参したのであったが、それらは結局使わず仕舞になってしまい、前回と同様手持ちで十数枚撮影しただけである。そのわけは、カメラの機材などに関する制約がかなりきびしくなっていた、というためである。大きなカメラバッグや最高級のカメラをぶら下げている私達を見て、日本語を話す現地の案内人はびっくりしたらしい。そして、もし係官にプロのカメラマンと見なされると大変高価な特別料金を徴収されてしまうという。だから、あまり目立たないように五人がなるべく別々に動いて欲しいと言うのである。勿論我々はプロではないからそんな法外な金を払うことはできない。しかし、それぞれが持っているカメラは、まさにプロ級か、それ以上なことは確かである。我々五人苦笑しながらもガイド君の言うようになるべく目立たないようにしたものである。特に三脚を用いて撮影していると仕事と断定されてしまうというので、天国と地獄のレリーフも手持ち撮影する外に手がなかったのである。これはつくづく残念なことであった。

二日目に、早く出発して朝飯前にアンコール・ワットの日の出を見たのだが、その通達が徹底しているという感想を強く持った。以前に朝焼のアンコール・ワットを撮りに来たときは、寺院の前庭の芝生に、何十人もの人が三脚を構えて、朝日が出るのを今か今かと待ち受けていたものである。それが、今年は三脚を立てている者がほとんどいない。私もガイド君の忠告に逆らうのも何だと思っていたが、なるべく目立たないような場所に三脚を立てて逆光のアンコール・ワットをカメラにおさめた。しかし、朝焼のアンコールを美しく撮るためにはある程度雲が出ていないといけない。そうすると朝焼雲と逆光の神殿が美しく映像化するのだが、どうも今回はうまくない。空気の汚れもあるいは関係しているのかも知れない。その上、現在のアンコール・ワットの中心になる塔が修理中で、鉄の足場のようなものが、黒々と塔に張り付いて見える。まあ、途中から朝焼をバックにしたアンコール・ワットの撮影はあきらめた。それまで二、三十ショット撮ったものも何の手応えもなかったのであるが、紙焼きしてみると案の定、である。いい写真が撮れたときは、必ず何か手応えのようなものを感じるから不思議である。

アンコール・ワットの撮影に関してはこのような次第で全く徒労に終ってしまった。名所旧跡の写真なんてそんなものさ、と自分を慰めて意を立て直す。

タ・プローム寺院

私が次に期待していたのは、タ・プローム寺院である。出立する時に前回撮影した写真を見ることはしなかった。それは、前に撮った写真に影響されることをおそれたからであるが、考えてみると私はいつでも同じような撮り方しかしていない。三十年にもわたって中等部の生徒やその行事を撮影し続けて来たのだが、たとえば運動会の写真などいつでも同じような切り取り方しかしていない。つまり三十年もマンネリ写真を撮り続けて来たということにほかならない。多分、このタ・プロームも同じだろう。でもそれがオレ流なら仕方がないか、などと考えてあきらめる。

タ・プロームの創建は十二世紀の後期というが、はじめて見たときの驚きは今も新鮮によみがえる。ものすごく強烈な樹木の根が寺院を圧し潰し、摑み取り、ねじ伏せている。樹木の種類は榕樹（スポアン）というが、白い大蛇の蜷局《とぐろ》を巻く如く根をさらしている有様は驚くほかはないのである。

シェムリアップの遺跡群が発見されて、観光地として脚光を浴びるようになったのは、そんなに古いことではない。多くの寺院が、樹木の茂みと土の中に埋没していたのだろうと思う。このタ・プロームの遺跡もおそらくは深い茂りの中に埋まっていて、巨木だけが自己主張していたに相違あるまい。石の壁をまたぐような巨木の根も草木の茂りの中にじっくりと時間をかけて生長していたのである。

その茂みと土が取り払われた時に、はじめて私達が今見るような景色が眼前したのである。

巨大な蛇体のような榕樹の根は、一見古寺をいましめて破壊し尽くそうとしているように見えるのだが、むしろ、彼が古寺をいましめることによって現在では崩壊をまぬかれているようにも思われる。それが何とも不思議でおもしろい。

見た目には、非常に迫力のある樹木の種々相であるが、写真にしてみるとただの報告でしかないところがかなしい。

商売上手な少女達

カンボジアは熱帯モンスーン気候に属し、雨季（五月下旬〜十月下旬）と乾季（十一月上旬〜一月下旬）に分れている。タ・プロームを見学する前に、ものすごいスコールがやって来た。その辺の茶店で雨止みを待つというのでいつもは飲まないコーラを注文する。すると十二、三歳の女の子がすぐにやって来て、キーホルダーとか絵葉書を買えという。これがなかなか商売上手なのである。彼女達は絵になるから、何ショットか撮影する。その代わり何か買ってあげようという気にもなるのだが、そういう心理を見すかして色々と買わせるのが上手なのである。

一通り少女達の商売が終ると、今度は茶店を守っている娘がおもむろにTシャツを買わないか、と声をかけてくる。一枚二ドル、二枚で三ドル、三枚で五ドルだという。一ドルとは約一一〇円である。つまり一枚二二〇円のTシャツということになる。これはタイとかカンボジアでなければあり得ない値段なのであるが、人間の心理とは奇妙なもので、それでも高い、という観念が生じるから不思議である。

以前タイに行った時も同じような気分を味わった。お金の価値が日本とアジアの貧しい国では違うとは言いながら、この落差は何だろう。

私は旅行中は、なるべく小銭を用意して、それは惜しみなく使うようにしようと心がけている。どこでも子供達はいい被写体になる。しかし彼らは手をだして何がしかの金を請求する。そんなこと当然のこととして出してやればいいのである。旅行者にモデル代を求めるそういう少年達をいやしいと考えるのは少しおかしいのではないか。むしろ、それは金を出すこちら側の気持が問われる問題なので、いい写真を撮らせてくれたことに対する一寸した気持ということでいいではないか。私はそう考える。

タ・プローム寺院

バイヨン寺院の観世音

十年ほど前に中国に行った時は、自行車（自転車）が道狭しとばかり走っていて、それを縫うように自動車がクラクションをけたたましく鳴らしながら走るというのが普通であった。ところが昨年中国を訪れた時は自行車と自動車の地位が全く逆転していた。

現在のカンボジアは車は勿論かなり走っているが、最も多いのは五〇ccクラスの原付バイクである。この小さなバイクにまるで自家用車のように一家が乗って走っている光景をよく目にする。時々生きた豚を一匹礫にするように荷台にのせたバイクも見かける。道路に穴があいていて跳ね上がると豚が「ギャー」とばかりわめいたりする。

一度父親と母親に子供、赤ちゃんの総勢六人が乗っている原付を見かけて驚いた。あれでバランスを崩したらどうなるんだろう、などという心配も知らぬ気に一家は悠然とドライブしているのである。

バイヨン寺院

アンコール・トムの中心をなすバイヨン寺院は多数の観世音菩薩像と、回廊のレリーフが見所である。これほど多くの顔を彫ったいわれは知らないが、その一つ一つにどこか親しみが感じられる。第二層のテラスではある場所から三つの顔が並んで見える。ここは撮影スポットということで、案内書などの写真にも多く採用されている。

なるほど、三つの仏の顔がきれいに並んで確かにおもしろい。特にそこからは一番後ろに見える仏に注目、ガイド君の話によると京唄子にそっくりだと言う。そう言われてみるとまさに唇の感じといい眼の大きさといい、まさに京唄子である。彼はこれを日本人の観光客に教えられたという。私ぐらいの年齢の者にはおなじみの女優さんである。その後日本人観光客にそれを指摘してみせると皆手を打って喜ぶという。カンボジアに唄子菩薩がおいでになったとは……。

しかし、写真の方から言うとここの仏達はなかなかいい絵にはなりにくい。というより、絵になりすぎていて、なかなか観光写真の域を出ないのである。魅力的な顔であるから、私も何ショットも撮ったけれど結果はどれもいまいち、というところ。写真の難しさをここでも感じざるを得なかったのだが、同行の四人はどんな写真を撮ったのだろう。

東洋のモナリザ

カンボジアの寺院にきわめて多い彫刻がデバターと呼ばれる宮廷女官のレリーフである。シェムリアップ郊外のバンテアイ・スレイ寺院には「東洋のモナリザ」と呼ばれる美しいデバターがある（現在は修復工事の関係で一般の観光客の眼には触れない）が、これは昔、フランスの作家で文化相を務めたことがあるアンドレ・マルローが、国外に持ち出そうとして逮捕されたといういわくつきの美人である。東洋のモナリザならずとも、多くの寺院のデバターには表情、スタイル、衣装などそれぞれ魅力あるレリーフがきわめて多い。一つ一つ撮影して行っても決して飽きることはないだろう。それほどチャーミングなのでる。バイヨンのテラスで王朝時代の衣服をまとった何人かの若い男女が観光客相手の記念写真のモデルをやっている。仲間は関心がなかったようだが、私はその中の若い女性の美しさに感動して、すぐに一緒に写真におさまった。このような美人が、レリーフとして残っているのだと思うと何だかデバターの女性達がより親しく感じられて来るのである。

美しいデバター

各寺院で撮影したデバターがけっこう観光用のパンフレットや案内書にあるものと同じことが多く、やはり目の付けどころはあまり変わらないと思ったりする。ただ、むずかしいのは、それがはたして作品となり得るか否かということなのである。

もし、将来三度目のカンボジアに行く機会を得たら、このデバターを徹底的に写してみたい。それほど多くの魅力を秘めたレリーフということなのである。

シェムリアップを案内してくれたガイド君は二人の子供がいるというがまだ二十歳そこそこに見えるハンサムなカンボジア人である。日本語がとても上手だが、特に大学に通って勉強したのではない。もともと英語の案内をしていたが、需要が多い日本語ガイドに転向したのだそうな。自分はシェムリアップのような都会に生まれたから、家がそれほど裕福でなくてもある程度の暮らしができる。しかし、もし田舎に生まれたとしたら、ほとんどその土地を離れることなく貧しい生活を強いられる。自分は幸運だ、そのように話してくれたが、それにつけても観光地で見かける少年少女達の現在と未来を思わずにはいられない。

少年少女達

トンレサップ湖はカンボジア随一の湖である。以前にカンボジアを訪れた時も、この湖に船を浮かべて生活する人々の暮らしをカメラにおさめたのだが、今回は写真撮影そのものが目的であるから多分に気負う心を抱きつつ目的地に向かった。この湖は他に収入の手だてのない人にはきわめて大きい自然の恵みを与えてくれる。とにかく魚をとっていれば飢えることはないのである。農村生活では凶作や自然災害で収入の道が全く絶たれてしまうことがままあるが、ここトンレサップの水が干上がらない限り食べ物には困らない。

予定していた船のチャージ代に十ドル追加すれば一回り大きな船を出してくれるという。無論十ドルが惜しいはずはない。五人のカメラマンは船首に立ったり船尾へ回ったり、目に映る珍しい水上生活者の日常を撮影しまくるのであった。

この船の持ち主の子供だろうと思われる少年が二人乗り込んでくるくると動き回っている。その表情は賢こそうで屈託がない。後で述べるつもりであるが、この旅でいたるところで少年少女達と遭遇した。どちらかというとマイナスのイメージしか抱けない場合が多いのは、貧しい国の現在としてある程度仕方がないことかも知れない。しかし、この船の子供達はどこか活き活きとしている。家族の一員として気張っている、そんな思いがした。写真に残っている彼らの眼には卑屈さや慣れ慣れしさがない。いい顔なのである。

私達の船はかなりのスピードで水上生活者の生活圏を走り抜ける。実に様々な生活がある。若い女性も子供もおじいさんもいる。船の中にハンモックが吊られて派手な服装をした女性が横になり団扇を使っている。カメラを向けるとにこにこと笑ってみせる。多くの犬が家族の一員である。皆、それぞれ自分達の生活を楽しんでいるように思える。勿論彼らの住居である船が、立派であろうはずはない。ボロに覆われているという感がある船が多いのだ。しかし、何だか私達のセコセコした日常とは違う時間が流れているような気がする。何をしているのかな、とカメラを向けながら思う。少女がこちらに手を伸ばしているようだ。もしかしたらモデル代を要求しているのかも、と思った途端、夢のような水上生活者の「現実」に触れて心がしゃきっとなるような感じ……。

ワニをたくさん船で飼ってそれを名物にしている休憩所に立ち寄る。

その裏手にも水上生活を営む人の船が浮かんでいて、彼らのまどいがちらりちらりと覗く。その近くに小舟を操る五、六歳の子供がいる。気が付くと彼はフリチンである。何かぎこちない手つきで竿を握っているのだが、どうやらどこかに移動するつもりではないようだ。これも観光客の撮影のためのモデルなのかも知れない。私の乗っている船の子供達の活き活きとした眼とは較べるべくもない、光のない眼なのである。しかし、水をへだてていては何がしかの礼をしようとしても手だてがない、一体どうするのだろう、と思いながらも何ショットかシャッターを切る。しかし、いい絵にはなりそうもない。案の定、何枚かの写真は、すっ裸の少年が小舟にぼうっと突っ立っているだけのどうにも仕方のない出来だった。

さまざまな境遇

タイでもそうだったが、観光地に行くと必ず複数の少年少女達が何の意味もなさそうに集まっている。彼らにも色々な事情があるらしい。たとえば両親が死んでしまったとか、何らかの理由で出て行ってしまったとか――。

地雷で父親が死んだ、という話も聞いた。そういう子供達はＮＧＯのＴシャツを着ていたりする。観光地にいれば何がしかの収入があるからだろうか。ガイド君の話によればたとえば二人の子供がいてその子達に一ドルやるのは止した方がいい、彼らは喧嘩をするのが落ちだというのである。また、気が利いた旅行者はお菓子やキャンディーを彼らに与えるのだという。しつこく金品をねだったりすることなく、じっと立ってトラベラーを眺めている彼らの眼に我々五人はどのように映っているのだろう。

積極的にしかも狡猾に金をまき上げようという子供達もいる。彼らは日本人と見ると日本語で話しかけて来る。「ワタシタチニポンゴヲベンキョウシテイマス。ココニサインシテクダサイ」といって一冊のノートをさし出す。そこにはすでに何人かの日本人の名前と住所が記されている。「ワタシタチノタメニキフシテクダサイ十ドルデス」と来る。なるほどサインしてある日本人の末尾に十ドルと書いてある。はじめは奇特な子供達だと思って近付くが、すでにこれは違うなと思う。私は一ドルだけ置いてサヨナラした。ガイド君はそしらぬふりをしている。彼らは私から一ドル奪うと、次のカモにこんどは英語ではなしかけているのである。この子供達にはどのようなバックがあるか、知るよしもないが、致し方のない事情がやはり存在するのだろう。

東洋のモナリザのバンテアイ・スレイ寺院を見学して、一寸離れたトイレに行こうとすっかり灼け尽くした道を歩いてゆくと、薄汚れた少女が日陰もないアスファルトの上に腰を下ろしてぼうっとしている。ちらりとその顔を見ると日焼の色ではなくどす黒くただれている。彼女の両手も同様、何かひどい皮膚病にかかっているように見えた。トイレをすませて出て来るとその少女が私の方に近寄って来て何か言う。私は彼女の方を見もせず手を振って拒絶の意を表わした。

そのことをガイド君に話すと、こういう返事がかえってきた。その娘の家が火事で焼けてしまって、彼女自身も大やけどをしてしまった。両親は家を出てしまい、残された彼女は近所のお寺で面倒を見ているのだ、という話なのである。

何だかとてつもなく悪いことをしたような気がした。そんなこととは露知らず、ずいぶん邪険な態度をとってしまった。私は仏陀でも聖徳太子でもないけれど、もう少し違う対応ができなかったものだろうか――。私は自分の気持の何がしかをガイド君に託すことによって、自責の念からのがれることにした。

カンボジアの民族舞踊を見たいと思っていたのだが、ガイド君の案内したのは「ピョンヤン」というコリアンバーであった。そこでは食事と歌舞が楽しめるという。出演者は皆、食事の際給仕をする女性達である。いわゆる「よろこび組」のメンバーなのだそうだ。なるほどとても若くてきれいな女性が多い。その彼女達が次々と舞台に上がって琴の演奏や歌舞を披露する。韓国人の客がほとんどで、彼らは同じ言葉を話しながら全く違う体制下にいる美人達といっしょにしきりに写真を撮っている。いわゆる外貨獲得に励む美少女達に何となく疲れたような様子がうかがわれる。

今度カンボジアに来るときは、カメラはあくまで記録として、俳句を専ら作る旅行にしよう、などと考えながら、この稿を終えようとしている。でもやはりデバターの女性達にもっと近付きたいという気持も消しがたい。あのやけどの少女も気になる。三度目のカンボジアはいつになるか――。

＊

スコールや廃墟いましむアナコンダ
ライ王のテラスに髪膚灼きつくし

クイーン・エリザベス二世号乗船記【イギリス】

この船に乗ってみたい

私が何故クイーン・エリザベス二世号に乗船したか――。

それは実に単純な理由である。クイーン・エリザベス二世号（以後ＱＥ２と略称する）は英国の最も格式のある船会社キュナード・ラインの客船として世界で最も有名な船であり、現在多くの豪華客船が就航している中でも常に海の女王の名をほしいままにしてきた。そして今年（二〇〇八年）、その四十年の歴史を閉じようとしている、その船を経験してみたい、とそれだけのことである。もともと船旅そのものにはある種のあこがれがあったのだが、その実現は将来のことと思っていた。ところが今度のＱＥ２の引退である。船会社の宣伝に乗せられた節がないでもないが、私の気持としては絶対経験しておきたい、という気持が少しずつ積もっていったのである。

どうせ乗船するならば、可能な限り高いカテゴリーの客室にしようと決めていた。何故ならＱＥ２は客室の種類によってレストランがそれぞれ異なり、自由に選択することができないシステムである。

私が選んだ旅行は、QE2にわずか五泊しかしないのである。最上級のカテゴリーの乗客が食事をとるのは「クイーンズ・グリル」であり、以下「プリンセス&ブリタニア・グリル」「カロニア・レストラン」「モーレタニア・レストラン」があり、誰でも自由に利用できるレストランとしてビュッフェ「リド」がある。

私は勿論クイーンズ・グリルを専ら利用したわけであるが、結果的に言うと、このレストランが特に最上級の品質のものとは思われなかった。それはテーブルの配置とか様々な見地からみて言うことなのだが、おそらく今回はクイーンズ・グリルをフルに使っての営業と思われるのである。これが最高のもてなしをする最高級のレストランとは全く思われない。メニューの内容もそうである。私がQE2に乗船することをどこかの句会で話すと、英国の船だし、レストランのメニューが口に合うかどうか心配してくれた人がいた。それはその通りである。勿論、私の英会話は全く駄目だから、本当に自分の舌にあった注文をしていたかどうか、はなはだ疑問であるが、それにしても――である。まあ、日本のレストランの鉄板焼に馴染んでいる舌には、期待外れも仕方ないことかも知れない。

食事について書き始めてしまったので、もう少しレストランに対する不満を書いてしまおう。先にも述べたのだが、とにかくゆったりとしたスペースが一寸もないのである。今度同じツアーで参加した人の中で、ボートデッキの船首よりにあるクイーンズ・グリルを利用するのは私とあと二組の御夫婦であった。その一組はQE2が二度目ということで、日本人とテーブルを共にするのをあらかじめ断っていたらしい。もう一組の夫婦と私が同じテーブルを割り当てられた。私は少し気が重かった。それは日本人と一緒が嫌だというのではない。彼らが二人だけの時間を持ちたいのではないか、と思ったからである。しかし、一人用のテーブルを用意するゆとりは全くないと言う。それもそうだ。何だか大衆食堂みたいにたくさんのテーブルがたて混んでいて、はじめからそんな余裕などあろうとも思われない。

私達のテーブルは船首からの扉を入ったすぐのところにセットされている。いわゆる端近なところである。もう一組の御夫婦もテーブルについては不満であった。皿を収納する棚が近くにあってガチャガチャと落ち着かないというのである。ということは、日本人の我々のテーブルはあまり恵まれた場所にはない、ということであろうか。外の客達が、ボーイ達とジョークを飛ばしたりして食事を楽しんでいるのを目にするにつけ、どうも我ながら自己嫌悪に落ち入る。

ここで今度の旅の日程をざっと紹介しておこう。天候の具合やストの関係で、当初の予定とは大分異なる日程になったのだが、実際の行程を書き出してみる。

十月二十一日（火）十一時発ヴァージン・アトランティック航空で成田出発。ロンドン、ヒースロー空港着。ロイヤルガーデン・ホテルにチェックイン。

十月二十二日（水）ロンドン観光。ウェストミンスター寺院、ビッグベン、ロンドン塔等。十七時頃サウザンプトン到着。QE2に乗船。私の部屋は2デッキ二〇七四号室（約三三平方メートル）、大きなダブルベッドにユニオンジャックが二枚歓迎してくれる。

十月二十三日（木）終日航海日。夜船長主催のカクテルパーティー。

十月二十四日（金）スペインのビルバオ入港。世界遺産のビスカヤ橋から、我らがQE2を望む。グッゲンハイム美術館、大聖堂。

十月二十五日（土）ル・ヴェルドン入港。ボルドー地方の銘醸ワインのシャトーの一つ、ランシュ・バージュを訪う。試飲を楽しみ、現在と過去のワイン製造に関して見学。サンタンドレス聖堂。

十月二十六日（日）セント・ピーター・ポートに入港の予定だったが、悪天候のため終日航海（何らかの理由で入港しないことを抜港という）。

十月二十七日（月）サウザンプトン入港。下船後ロンドンに。帰国の途に。

十月二十八日（火）成田着。

以上ざっと旅程を書き抜いた。とにかくＱＥ２に乗船するという目的は達せられたのではあるが、公共の場所を除くとそれほどの重厚さは感じられなかった、というのが正直な感想である。

次にＱＥ２の諸データをかいつまんで紹介しておこう。まずは船そのものについて数値を書き出してみる。総トン数七万三七二トン。乗客定員一九〇六人、乗務員数九二一人。巡航速度（二八・五ノット、時速約五三キロ）、処女航海一九六九年、改装年、二〇〇四年。なおＱＥ２は一九八二年のフォークランド紛争の際は輸送船として英国政府から徴用されている。ＱＥ２の船体はスマートで黒と赤のツートンカラーであるが、この時は白く塗られて多くの兵士を運んだという。

サウザンプトンから乗船する時に思ったのだが、一体どこの国からどのくらいの観光客が来ているのだろうという疑問はやがて船中で配布された乗船客国別ランキングという表で解決した。それによると英国人が最も多く一三六五名、次いで米国一五六、日本一〇六、以下ドイツ四六、オーストラリア二八、カナダ二七、フランス一三と続き、総乗客数は十九ヶ国一七八四人とある。英国人が多いのはご当地であるから当然だと思うが、ＱＥ２に対する思い入れはかなり違うように見受けられた。彼ら英国人には本当にＱＥ２に対しての強い思いが感じられる。四十年の間に生活に関わる輸送機関としてのこの船を利用した人がかなりいるのではないかと推測する。私達のように単なる観光で乗船する人もいるには違いないが、一番下の等級でアメリカに渡ったというような経験を持つ人も多いのではないか、そんな気がしてくるのである。今回のQE2の引退は他人事ではないのである。英国人や米国人と思われる老人の船客には、どうみても観光目的とは思われない老人が多かった。彼らにとってQE2とのお別れはその青春の思い出との別れであるかも知れないのである。

乗客数一七八四名に対して乗組員は五十二ヶ国一〇〇三人である。そして国別で圧倒的に多いのはフィリピン人で四九四名、次に英国一一四、インド七六と続く。私の部屋を担当したのも気さくなフィリピン人である。ちなみに日本人はコーディネーターとして瀧本典子さんたった一人であった。

QE2のデッキプランは次のようである。上層階からシグナルデッキ、サンデッキ、ボートデッキ、アッパーデッキ、クォーターデッキ、1デッキ、2デッキ、3デッキ、4デッキ、5デッキ（ここまでは客室がある）。なお6、7デッキまであるが、それはスパや医務室、ジム、プールなどがある。船内探検と称してある程度案内があったが、私は3デッキより下には全く関わりなく過ごしてしまった。ぼんやりしている時間はあったのだから、本当にもっと探検しておけばよかった。

最上級のシグナルデッキと次のサンデッキは最もグレードの高い船室がある。他のキャビンに比べて見晴らしがよく広い。三層目のボートデッキにクイーンズ・グリル、シアター、スポーツセンター、ショッピングプロムナードがある。次のアッパーデッキに、モーレタニア・レストラン、カジノ、有名なバーのゴールデンパブ、そしてかなり大きな規模のシアターなどがある。クォーターデッキには、プリンセス・グリル、ブリタニア・グリル、カロニア・レストランなど食堂が集中する。ダンスフロアもある。私はこのフロアには足を向けず仕舞であった。どうもあまり積極的な旅人ではない——。

1デッキから5デッキはすべて客室になる。私のキャビンは2デッキのちょうど中央あたり、左舷になるので碇泊の時はいつも海側になる。4デッキ5デッキあたりの船室は狭く、アメリカ大陸に仕事を求めて移住した人々を運んだのではないか。QE2が生涯を終えるにあたって、涙なしにはいられない人々がいるはずであるなどと想像をたくましくするのである。二段ベッドのキャビンで旅をするのもまたいいかななどとも思う。しかし、それも若いうちだけかも知れない。

ロンドン

夏目漱石のイギリス留学は彼にとってさんざんなものだったらしい。私はイギリスは初めての体験で、霧のロンドン、陰鬱なロンドン塔などというイメージがあったのだが、十月下旬の秋たけなわという季節、これ以上はないという日和にめぐまれた。ロンドン市内を見物しての印象は、まことに晴れやかなものであった。山高帽とコウモリ傘というイメージとは全く遠く、半日の市内見物を楽しんだ。

QE2の母港であるサウザンプトンまでのバス旅行はまた私のイギリス観を根底から変えてしまうに十分なものであった。とにかく広々としてなだらかな草原が続き、いたるところに清流が走っていて、牛馬がのんびりと草を食んでいる、そのような牧歌的な風景は、私のお粗末なイギリスに対する見方を美事に覆すことになった。ピーターラビットの世界はきわめて特殊なものと考えていたのである。工業立国としてのイギリスは大都会が中心であることなど念頭になかったことを今更ながら知ったのである。

サウザンプトン

乗船手続きをする間、乗客達を観察する。アジア人は勿論少ない。私には英国人とアメリカ人の区別は付かないから断定はできないが、明らかに単純な観光客とは違った雰囲気の感じられる老夫婦が多い。先にも述べたのだが、QE2に特別な思いを持っている人々だろうと推測する。彼らの様々な思いが残るQE2との別れは、私のように単なる興味で乗船するのとは全く別の感慨があるのは当然のことだろう。

船内での決済はすべてカードで間に合うように手続きを取り、いよいよ乗船する。セキュリティーはかなりきびしいが、航空機の場合とは少し違う。

私のキャビン

はじめて自分のキャビンに足を踏み入れる。最初丸窓は二つだと思っていたが、一つがTVの背後になっていた。大きなダブルベッドにユニオンジャックの小旗が二本交差して置かれている。期待していたいわゆる格調はほとんど感じられない。私は一人参加なので、二人使用が原則のこのキャビンの二人分の料金を払っている。モッタイないと言えば確かにそうだが、一人でのんびりできるのは何にも代えがたい。

化粧室を覗いてみる。ごく普通のホテル並である。改装されているから、四十年前のそれではないことは当然のことであるが、やはりどこか物足りなさを覚えたのは致し方ない。

衣装を収納するスペースは豪華客船のそれとは思えないほど素朴である。小さめの冷蔵庫が置かれてある棚状の設備も素朴というよりは粗末な感じ――。とにかく色々な意味で期待をうらぎった我が船室ではあった。多分最も上級のクラスのキャビンも広いことは広いがその内容は似たりよったりなのではないかと思う。

私のQE2の旅はこんなわけで少なからず沈んだ気持から出発したのである。

日本を代表するクルーズ船の「飛鳥Ⅱ」や「ぱしふぃっくびいなす」また「にっぽん丸」などは多分ずっと小綺麗に出来ているのではないかと思う。しかし、QE2には他のどの船にもない歴史があることを忘れてはなるまい。

乗船探検と称して何ヶ所かの施設を見て廻った。ダンスに興味のある人は毎晩踊ったのだろうか。船旅に欠かせないのはダンスだから是非外国人と踊って来いとアドバイスされていたのにもかかわらず、とうとうダンスのラウンジには足を踏み入れず仕舞だった。昔、ガールフレンドが社交ダンスに誘ってくれたことがある。彼女はモダンバレーをやっていて、アルバイトでTVの「8時だョ！全員集合」とか言う番組のバックのダンスをやっていたくらいだから、どんどん上達する。私は何でみんなあんなに楽々と覚えてステップができるんだろうとただ感心するばかり。休憩時間になると、そういう人は先生につっ込んだことを尋ねたり、鏡の前でステップをさらったりする。一方私はというと二階のダンススタジオの窓から外を眺め時計を眺めては早くレッスンの時間が終ることだけを考えていた。その体験から、私は生徒に「どうしてこんなことが分らないの？」ということを決して言わない先生になったのである。いやなことは勉強でも何でも避けて通りたいと思うのが人情なのである。

牛だって馬だって嫌なことはやりたくない――、そんなことを思い出しながら、ダンスのラウンジを毎晩素通りしていたのである。

船長主催のカクテルパーティー

今度のQE2の旅は十月二十一日に日本を出発して、二十八日に帰るまでの七泊八日、そのうちQE2泊となるのは五泊のみで、その第二の夜、船長イアン・マックノウト主催によるカクテルパーティーが行われた。船中泊の五泊のドレスコードは二十三日・二十四日がフォーマル、あとはセミフォーマルということだった。勿論船上の服装についてはあらかじめ知らされていたから、私も五十歳の時に誂えて結婚披露宴のパーティーで一度着た切りのタキシードを用意していた。このような船旅で一番めんどうなのはこの服装に関しての習慣であろう。QE2は特に格式を重んずる船であるから少しは気をつかわなければならない。そこで十何年か前に着用してそのままぶら提げてあったタキシードを一応ためしてみた。もしかしたら、その後の体型の変化で着られなくなっている恐れが十分あったからである。ところがその心配は全く何の問題もなくクリアした。そんなに大きく作っていたのだろうか、と不思議な気がしたのではあるが――。しかしサスペンダーがどうしても見当たらない。まあベルトがあればいいだろうとサスペンダーについてはすぐに忘れてしまった。とにかく十年以上も前のズボンが楽々はけたことがうれしかったのである。ワイシャツや蝶ネクタイやカフスボタンもその時のものがそっくり残っていたので、そのまま持参した。

「知音」の同人誌友には私の〈生涯のいま午後何時鰯雲〉の句について何度もお話しする機会があっ

たのだが、書家の津金孝邦《つがねよしくに》先生に書いていただいたこの作品のコピーを私は今回の旅に持参していた。私の旅の仲間にも紹介して、覚えてもらいたいと思ったからである。このコピーには大野まりなさんの英訳もそえた。船長には白扇にこの句を私が書いたものを日本の土産として手渡すことを決めていた。

八時頃から船長が客の一人一人を迎えて一緒に写真撮影をするのだという。私は扇と俳句のコピーを持参しているから、その土産についてツアーコンダクターが説明してくれることになっていた。

ワイシャツがこんなにもしちめんど臭いものとは思いもしなかった、というよりは同じワイシャツでも胸のあたりにフリルがついているようなワイシャツは、余計なボタンをはめなければならない。ワイシャツを着た上で、オニキスのボタンをはめるのにえらく難渋した。やっとの思いですべてのボタンをはめカフスをつけると、蝶ネクタイがなかなか思うように決まらない。ずいぶん時間を費してやっとズボンをはく段になってびっくり――。何と私のズボンにはベルト通しがついてないのである。そこにはサスペンダーで吊るすためのしつらえがあるばかり。今までの汗が瞬間的に氷となる思いがした。こんなことをしてはいられない。ズボンがぴったりならばカマバンドで支えられて落ちないかも知れないのだが、不幸なことにゆるゆるなのだ。小一時間もかけて着用したワイシャツを剝ぎ取るようにして脱ぐと、こんどはダークスーツに着替えるべく方向転換。こんなときは突然ネクタイの締め方がわからなくなってしまうものなのだが何とかクリアして這々の体で会場にかけつけた時は大分時間をオーバーしている。正装に着替えたツアコンの石川さんも気が気でなかったと思う。ごめんなさい。そこで次々と船長と握手を交わして記念写真におさまっている旅客達を見ると私以外たった一人を除いて皆タキシード姿なのである。彼らはこんな生活には慣れていると言えばそうなのだが、とにかく私は一応フォーマルと言えるスーツ姿で船長と握手をして皆と同じように写真におさまったのである。その時に例の土産を手渡したのであるが、船長さん傍らの椅子にそれを置いて次々に挨拶していた。シャンパンを飲みながらアレはどうしたかな、とずっと思っていた。また、日本から持参したＱＥ２に関する本にサインしてくれるということだったが、その時は今はダメと断られた。こちらは後に船室の方に届いていた。ただ、私が予想していたところにサインがなかったものだから、最後まで船長のサインが貰えなかったものと誤解していた（よく見ればちゃんとあったのに！）。

私はいつでも判断が甘い傾向がある。あとで考えてみればズボン吊りだって、すぐに部屋係のボーイに連絡すれば何とかなったはず、つまり少し前に確認をしておけばよかったのである。後悔先に立たず——。

二回目のフォーマルでは私と食卓をともにした方が、自分はベルト通しがあるからと言ってサスペンダーを貸してくれた。

ビルバオ（スペイン）

乗船三日目はスペインのビルバオに入港、市内を半日ほど観光した。

ＱＥ２を下船して車でビスカヤ橋に向かう。かなりの高さである。ビスカヤ橋は全長一六四メートル、通行人は両岸にそびえる高さ五〇メートルの鉄塔のエレベーターで橋の上に至り、歩いて川を横断する。勿論ゴンドラを用いて、自転車や車といっしょに渡ることもできる。この橋の上からビルバオの港の方を望むと我らがＱＥ２の横たわる美しい姿を見ることができた。本当に美しいと思う。いま流行の豪華客船とは全く違った船本来の持つ美がＱＥ２には感じられるのである。この海の女王が

ビスカヤ橋からＱＥ２の遠望

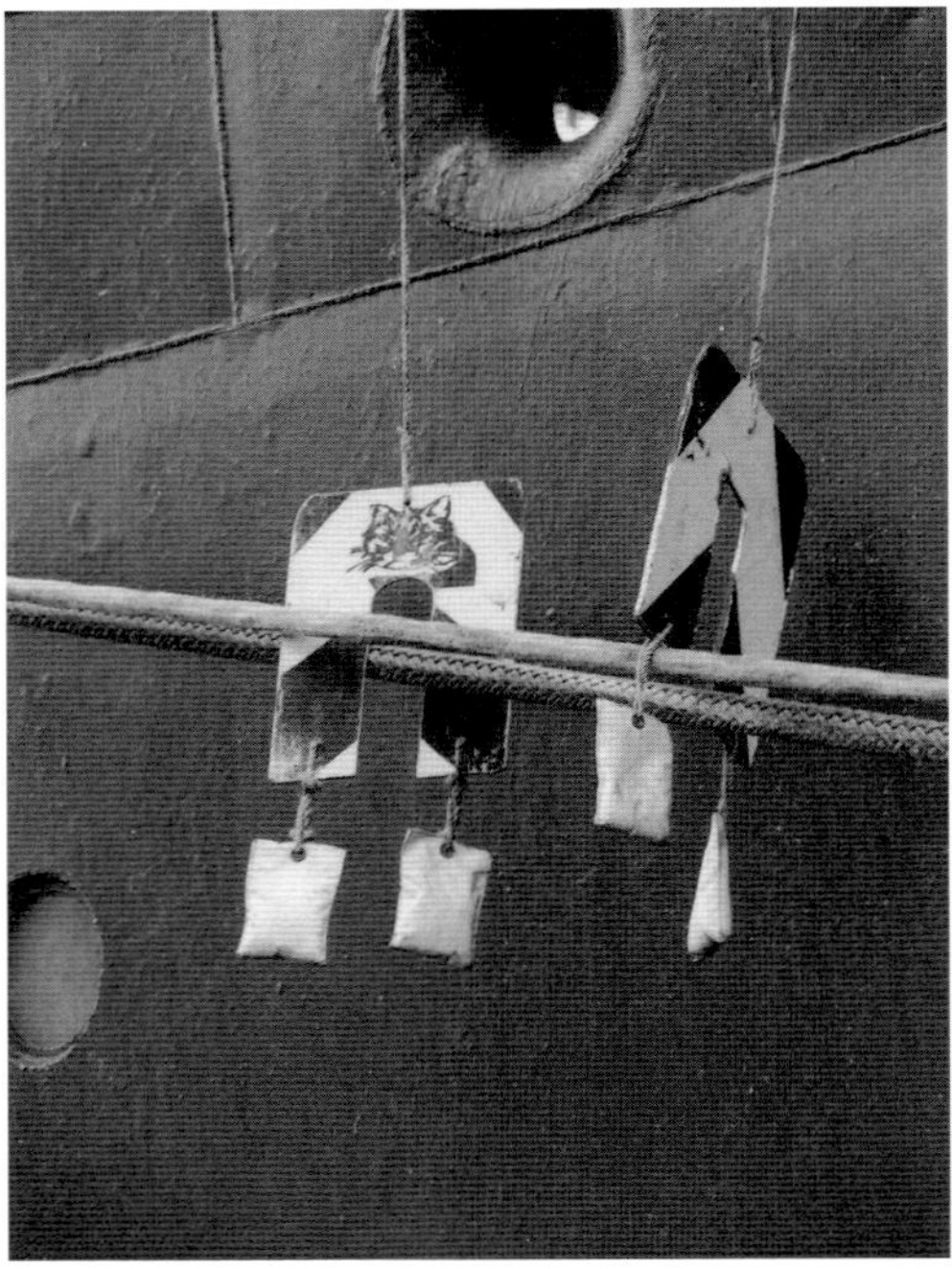

?

日本に初寄港した一九七五年三月のこと、横浜では四日間で五十二万人がＱＥ２を見るために集まったという。私の乗船したクルーズはいちばん最後の船旅というのではなかった。いわゆるファイナルクルーズは、ホテルとして生まれ変わる予定地のドバイへ向けての旅である。この乗船券は三十分で完売したという。現役を退いた後のＱＥ２はドバイ沖に建設中の人工島「パーム・ジュメイラ」の近くに碇泊し、横浜港の「氷川丸」と同様ホテルとして開業する予定である。なおＱＥ２の姉妹船のようなかたちでクイーン・メリー二世号（一五万トン）、クイーン・ヴィクトリア号（九万トン）が現在就航しているが、キュナード・ラインではクイーン・エリザベス号の建造を発表したという。これは二世号でも三世号でもなくただ「クイーン・エリザベス」という名称になるらしい。総トン数は九万二千トンの超豪華客船がやがて誕生するわけである。キュナード・ラインの客船の特色にカテゴリーによるレストランの限定ということがあるが、これもまた引き継がれるのであろうか、一寸気になることである。

さて、話はもどるが、十九世紀末に建造されたビスカヤ橋は二〇〇六年にはユネスコの世界遺産にも登録されている。その橋の上から望んだＱＥ２はいまでも私の目に焼きついている。

グッゲンハイム美術館は石灰石、チタン、ガラスなどの素材を用いた実にユニークなビルバオを代表する建造物である。時間の都合上外からだけの見学となった。

ボルドー

次の寄港地はフランスのル・ヴェルドンである。下船するとバスで一路ボルドーを目指す。目的地はボルドーの銘醸ワイン、「ランシュ・バージュ」のワイナリーである。ボルドーには有名な四つのワイン地区があり、中でも五大シャトーがあるメドックが世界的に知られている。他のグラーヴ、ソーテルヌ、サンテミリオンなども勿論有名なワインを産する。

流石にワインの国、行けども行けども葡萄畑が続く。私が知っている銘醸ワインのシャトーがいくつも車窓を通り過ぎる。ワイナリーの入口に十字架に掛けられたキリスト像があるのが目につく。神の血を産出しているのである。

「ランシュ」は英語読みではリンチとなる。リンチさんがもと所有していたのである。「バージュ」は小さな村。このランシュ・バージュを試飲させてもらったがかなり有名なワインである。現在のほとんどのワイナリーは近代化されていて、昔のように葡萄を足で踏んでしぼったりしない。かつてはそうであったというワイン製造のプロセスは、残された様々の道具や大きな樽、ワインの貯蔵槽などで知られる。現在は近代的なスチール製のタンクがワイナリーに並んでいる。実に清潔な趣である。ただやはり木製の樽に何年か眠らせることが必須であることには変わりはない。

ル・ヴェルドンとランシュ・バージュの途中には、様々なワイナリーが点在したが、五大シャトーのなかでも最も有名な「シャトー・マルゴー」の前を通った。ランシュ・バージュには我々の他に一組見学のグループがあっただけであるが、シャトー・マルゴーのラベルで見慣れた建物が向こうに見える路上には何台も観光バスが停まっていて、見学するツーリスト達が大勢いるようである。私のワインセラーにも何本かのシャトー・マルゴーがあるぞ、などと一人悦に入ったことである。

その後、ランチを食べ、サンタンドレ大聖堂などを見学して帰路についたのだが、港からボルドーまではかなり距離があるため、乗船時刻ぎりぎりにＱＥ２に帰船することになった（後年ランシュ・

バージュのオーナーと髙島屋のワインショップで会った)。

セント・ピーター・ポート抜港

翌二十六日はガンジー島のセント・ピーター・ポートに入港する予定であったが、かなりの風雨で予定が変わり、終日航海となる。船長の判断で決定されるのであるが、入港をキャンセルすることを「抜港《ばっこう》」というのだそうな。はじめて耳にする言葉である。

雨が止んでも相当な強風が吹いている。デッキの前部に行ってみると何人かの船客がデッキに出ている。鉄の階段があって、一応出入りを制限しているのだが、人がいるところを見るとOKらしい、そう判断して私も甲板に上ってみた。するとものすごい風圧で、首から下げていたカメラもろとも吹き飛ばされそうな勢いである。甲板で高波を撮影するどころではない。一歩一歩慎重に歩を運びながら下りようとすると、そこに居合わせた大柄の外国人が、「オレは大きいから風除けになってやる、気を付けて下りろ」と私を風から守るようにして風の当たらないところまで下ろしてくれた。サンキュー・ベリーマッチ！　親切な人も結構いるのである。

秋の日はつるべ落し？

抜港の二日前だったか、船の行手に美しい夕日があった。ふとこの夕日を撮っておこうと思い立って船首に当たる甲板にその日が沈むのを待った。風がほとんど無いと言っても時速六〇キロほどで走

ＱＥ２の落日

デッキにて

っている船である。みずから風を切って進むことになる。少しずつその風が上着からじわじわと皮膚に沁みとおってくる。船室に行ってコートを持って来ようかと思ったのだが、何しろ十月はつるべ落しの秋である。その間に日が沈んでしまったら何にもならない。そこでじっと日が沈む瞬間を待つことにした。ところがなかなか日が沈まないのである。下丸子の私の部屋から見る秋の日は、ほんとうにつるべ落しなのである。かなり長い時間待ったような気がするが、やっと波の上に日が赤い球体を沈めかけ、ゆっくりと没し去っていった。大西洋の英国海峡のあたりは緯度の関係であろうか、いつまでも太陽は船に従って来るのである。そう言えば、船の丸窓から見た三日月がいつまでもいつまでもその船窓から見えていた。多摩川河畔の我が窓辺から見る三日月はあっという間に沈んでしまうのである。

船旅といってもわずか一週間足らずのそれであった。帰国すると友人達に「外国人とダンスはしたの」「仮面舞踏会はどうだったの」「ショーは楽しかった?」エトセトラ——。答えはすべて「否」。プールで泳ぐこともなかったし、サンデッキで日光浴もしなかった。毎日レストランに通って、バーでカクテルを飲んで、うろうろとデッキを歩き回る、それくらいが私のしてきたことである。英語がしゃべれないというのが引っ込み思案の元凶であるが、それが自分流なのである。そんならQＥ２に乗船して一番よかったことは? という質問があった。答えは「最後のQＥ２に乗船したこと」である。

抜港の日は終日航海になったため船内のショップが通常の時間より早くオープンしていた。多くのグッズの中ですぐにどっしりとした感じの記念ロゴの入ったデカンタが目に入った。いかにも重そうである。かなり大きな漆塗の木箱が付いている（後日日本でテレビを見ていたら王妃クイーン・メリーのデスマスクをこの箱とほとんど同じ箱から取り出すシーンがあった）。少し負けろと言うと全く駄目だと言う。結局日本まで手荷物として持って帰ることになったのだが、店ではこの大きな重い荷物を持ち帰る手段を全く考えていない。日本だったらくるくると荷造りして取っ手をつけてハイありがとうございます、というところだろう。

終ってみればほんとうにあっという間の旅であった。乗船客の中には英国から新大陸に渡って成功を収めた人も、あるいは挫折を味わった人もいることだろう。下船の際も涙ぐんでいた老夫婦もいく組か見かけた。そのような感慨は勿論私にあるはずはないのだが、ＱＥ２に私なりの別れを告げてサウザンプトンをあとにしたのである。

旅は道連れというが、私のこの四、五年の旅行はいつも一人である。それなりにおもしろいのであるが、船旅はやはり本当に親しい人とゆっくりと時間をすごすことが一番であろう。そんな日が私にも来るのだろうか。

＊

船窓のうちなる秋のとらはれ人
葡萄畑霧が燻蒸してゐたる
神の血をかもして余りたる葡萄

北インドふたりぼっち【インド】

二人きりの旅

これまでにもずいぶんと海外旅行は経験してきたが、インドには行ったことがなかった。勿論未経験の国々が行った国よりもはるかに多いのは言うまでもない。しかし、インドには是非とも行ってみたかった。長い間夢見ていたという事実がある。それもたいした理由があったわけでもないのだが——。

その初体験のインド旅行は、北インドを選択した。ベナレスでのガンジス川の沐浴風景を見たかったし、写真でしか知らぬアグラのタージ・マハルにも心ひかれる。また何といってもカジュラホの寺院にある男女交合像（ミトゥナ）が興味をひいたからである。その三つの目的が一度に達せられるコースがＪＴＢの「北インド周遊ハイライト９」というわけである。期間は二〇〇八年十二月二十五日から二〇〇九年一月二日まで。かなり慌しい旅であった。

はじめは数人のグループのツアーのはずが、ムンバイで起こったテロの影響で最終的には私ともう一組の三人だけになったと聞いていた。ところがデリーの空港に待ち受けていたスルーガイドのラビさん（インド人）が、私を見るなりにこにこと手を振り「お父さんとワタシだけね」と言う。結局最後まで残っていたペアもキャンセルしてしまったのだ。それを聞いて、最初はこれは困ったことになったぞと思ったのであるが、実はこのことが私にとって大いに幸いしたのである。

私の旅の目的の一つは写真であり、もう一つは俳句を作ることであった。当然マイペースになることは疑いなく、一般の観光目的とは少しばかりズレている。私は幸運にも現地のスルーガイドにザックやカメラを持たせたり、自分を撮ってもらったり、二人だけで勝手に動き回ることができたのである。

これまで何度か経験した外国旅行では、専ら写真を撮るだけで、ほとんど俳句を作ることはなかった。何年か前に「知音」の仲間と行った中国江南の旅は俳句を作ることが目的であったし、景色も日本の春の自然に近いから何句かの収穫はあったのだが、その旅以外ではほとんど作品はない。韓国は日本に近いし作り易いように思うかも知れないが、むしろ全くと言っていいほど季節感がない。そんなこともあって海外詠はどうせ報告以外の何ものでもないといった句しかできぬという固定観念を持ってしまっていたのである。しかし、有馬朗人さんや鷹羽狩行さんの海外詠に刺激されてか、今度こそインド紀行を俳句で綴ろうと決意したのである。

しかし、大好きなカメラを携えて行けばどういう結果になるかはおよその見当はつく。写真と俳句はきわめて類似した要素があるだけに、両立させることはなかなか難しいのである（伊丹三樹彦さんには、何を言っとるのかと叱られそうである）。

多くの動物達と共存

インドは十二月は乾季にあたり、ほとんど雨が降らないから、街路樹などすっかり埃まみれになっている。「インドは今とても埃っぽい。インド人もそれに劣らずほこり高いです」とラビさんが言う。カースト制で縛りつけられているけれど、人々は皆それぞれほこり高く生きているというのである。

デリーのような都会は別として、インドはまるで動物園の檻の中にいるみたいだ。駱駝や象や水牛がのんびりと歩いている。勿論彼らには人間が必ずつきそっている。町の中で見かけた他の動物は、牛、馬、山羊、豚、ロバ、猿、犬、鶏などなど――。これらの動物がほとんど放し飼い状態でいるのを見て実に興味深く感じた。日本ではほとんどあり得ないことである。牛はインド人にとって神様と同じである。だからというのではないが、彼らはとても柔和な顔をしている。特に牝牛は高貴な感じさえする。それが商店街だろうが道端だろうがどこにものんびりした表情を浮かべて歩いていたり、座り込んだりしている。特定の飼主があるようにも見えないのだけれど、夜になると牝牛は家に帰って行く。朝になると人々は牛乳を入れる容器を持って市場に買いに行く。そのへんを徘徊している牝牛は、いつも乳を搾っている人以外には絶対に搾らせないのだという。身持ちが固いのである。ところが雄牛はというと、ほとんどさすらいの無宿渡世なのだそうな。

これらの動物達が町中のいたるところにのそのそしている。人間は彼らを決して邪険に追いたてたりすることはない。人間は人間、他の動物もそれぞれ別の生き物としてこの地球上に共存している、というような感じだ。

北インドの冬は東京と同じぐらいに寒い。そこら中で焚火をしているが、その焚火を囲んで、人間

朝の挨拶

神の牛はあるがまま——

と一緒に犬の親子が暖をとっている。犬は当然の権利といった顔付きで寝そべっている。とにかく人間だけが特別な生き物ではないのである。

町のいたるところに老人がじっと往来を眺めながら座っているが、そんな老人が皆哲学者のように見えてくるから不思議である。何をするでもなく通行人を眺めたりしている人々は、まるで牛や駱駝と何ら変わるところはない。いかにものんびりしているのである。

文明の利器

ところが、である。同じインド人なのに、ひとたび文明の利器なるものを操る段になると、彼らは全く人が変わる。

歩く以外のインドの交通手段は、自転車、人力車、オート力車、馬車、バイク、自動車などであるが、これらが狭くて凸凹の道路を、ひしめき合い、我勝ちに走るのである。歩く人がまるでそれが人生であるかのようにゆっくりと歩いているのを見た目には、この喧騒は信じ難い光景である。まるで警笛の洪水だ。しかし、旅人の私には無闇矢鱈に鳴らしているとしか思われないクラクションも、鳴らされた当事者はちゃんと認識しているらしい。少しでも相手が先行したら、たとえ相手が力車だろうが自転車だろうが必ず進路を譲るのである。そうでなければ必然的に事故になってしまうだろう。クラクションの数だけ怪我人が出るということになる。ほこり高いインド人は、誰よりも早く先に行こうとしてはやる気持（向上心）と、先を越されたら仕方がないから、いさぎよく譲る気持（あきらめ）を持っているということになるだろう。

私の車のドライバーは、車が動いている間中クラクションを鳴らし続け、際限もなく私をひやひやとさせたが、旅行中一度の接触事故すらなかった。とは言うものの、このような状況では長い間には必ずぶつけたりぶつけられたりするものだ。彼らの車は例外なくどこかが凹んでいる。

今回の旅行中、カジュラホからジャンシーまでの二〇〇キロ、アグラからジャイプールまでの二三〇キロ、そしてジャイプールからデリーまでの二六〇キロを小型乗用車で走破した。市街地であったら生命の危険を感じることはないが、田舎道を猛スピードで走る時に、かなりの恐怖感を覚える。中央部分が舗装してある一本道を前方からものすごいスピードで車が走ってくる。相手の車が大型トラックやバスなどの場合、我がドライバーは早めに道を譲らなければ、という感じで路肩を走行する。しかし相手が自分と同等あるいはそれ以下と見なした時は恐ろしい。擦れ違う直前までお互いにハンドルをきらないのである。『福翁自伝』に、向こうからやって来る侍とすれ違いざまに二人同時に駆け出したというエピソードがあるが、ぶつかったら大変だと思うくせにお互いに自我を通そうとするのである。勿論直前に自我は撤回して両者とも少しずつハンドルを切り、車はスレスレでもって擦れ違う。彼らのサイドミラーはだから例外なく畳まれたままである。ギリギリ勝負をすることが多いから、少しでも出っぱった物は始末しておきたいのである。

いわゆる有料道路でも、車同士のせめぎ合いは続く。前を走る大型トラックに小判鮫みたいに張り付いて走り、ちょっと間隔が空くと追い越しを掛ける。生命がいくつあっても足りないと、後部座席で目を凝らして前方を見つめたままの私を後目に、ラビさんはまあよく寝ること。そのうち心配してみてもはじまらないとやっと悟ると私もすぐに睡くなるから不思議。

地方道を走っていると色々な市が立っていて道がひどく渋滞することがある。クラクションを鳴らしながらそれでもすぐに抜け出てしまう。私だったら十分間走れば百人はひき殺してしまいそうだ。

インドで初夢を見た。私の車のドライバーがラビさんなのである。向こうから車がものすごい速さで迫って来る。思わず目をつぶる。すると相手の車をすっとかわして私の車が走っている。助かった——。これはホントの話。

インドの人口はやがて中国を抜いて世界一になるという。ハイテク産業でも世界のトップの座を確保しようとしている。何しろ「0」を発見した民族である。そのようなほこり高い民族である彼らが、自己主張をする反面実にあっさりと引き下がることを知っている。これは譲歩することによって、自分の利益も守られるということにほかならない。彼らの行動にはカースト制によって長い間培われてきた何かがあるような気がしてならない。

飛び出すな

神の牛がのんびりしているのは当然のことだが、他の動物もさして変わりはない。十字路になっている場所に牛がいて動かないと、それがまるで止まれの信号の役割をする。この時ばかりはクラクションは厳禁、お牛さまをびっくりさせてはいけないのだ。

インドでは人間でも他の動物でもゆっくりと動いている限り安全である。だから、この国では動物達が交通事故にあうことなどなかろうと思っていたら、実は例外があった。かなりの距離を車で移動したわけであるが、その途次、路上で何匹もの犬の死骸を見かけたのである。交通量のかなり多い路肩に、牛や犬や時とすると人間が平然と寝そべっている様子をよく目にしていたから、犬の死は私にはとてもショックなことに思われた。しかし、ラビさんは「飛び出して来る犬はどうしようもないネ」と平然たるものである。「犬死に」という言葉を思い出した。そう言えば世の中には駱駝死にもないし、牛死にもない。あるのは犬死にだけだ――。

ラビさんに、日本には〈飛び出すな車は急に止まれない〉という交通標語があることを話し、インド中の犬に〈飛び出すな車は多分止まらない〉ということを教えなければいけないことを説いた。勿論「多分」とは「絶対」ということである。

デリーなどの市街で車を走らせていると、赤信号で止まるたびに物乞いが窓を叩く。新聞や花を買ってくれとか、赤ん坊を抱いた女性がミルク壜をふりかざして金銭を乞う。びっくりさせられたのは車と車の間で何度も逆立ちなどのアクロバットを見せて金を貰おうとする。ラビさんはちっとも表情を変えることはない。ドライバーはあまりしつこいと声を立てて追っ払おうとする。私はいつもポケットに小銭を用意しておいて、何となく彼らの希望をかなえるようにしている。ラビさん、「あの人たちは本当の乞食じゃないヨ。本当の乞食は身体が不自由だったりして働くことができない人だ。あいつらは夜になると親分のところに集って宴会をやってるかも知れないネ」と言うのである。そして、本当に困っている人達にはある程度まとまった喜捨をするのだという。でも、私達旅人にはその区別などはできない。たとえウソの乞食であっても、少しぐらいの金を与えても悪いことではないだろう。

ガンガーにて

ヒマヤラの嶺々に源を発するガンジス川は、ベナレスという古都のあたりでシヴァ神の額にかかる月のように湾曲している。三千年来のヒンドゥー教の聖地ベナレスを私達は目指した。

　当初明け方の沐浴風景だけ見学する予定であったが、その前夜も見るべきというラビさんのすすめで夜のガンジス川に船を浮かべた。ガンジスというのは英語読みで、現地では普通「ガンガー」と言いならわしているということで、私もこの際ガンガーと書くことにする。船から河岸の六十あまりのガートを眺めてゆく。ガートとは沐浴のために設けられた階段状の堤のことで、水位が変化しても沐浴できる仕組みである。そしてそのガートの中の二ヶ所がヒンドゥー教の火葬場になっている。すでに夜の闇が漂いそめた頃で、夜はガートそのものをはっきりと目にすることはできない。しかし火葬場は一種異様な雰囲気である。船を近付けると、いくつもの荼毘の火が燃えている。まだ火を点けた直後というものから、激しい火勢を上げて燃え盛るもの、そしてほとんど消えようとしているもの――。

　荼毘は三時間ほどかかるということで、一つが終って遺灰がすっかり片付けられると、次の仏さんが持ち込まれるのである。二十四時間火葬の煙が途絶えることがないといわれるほど次々と荼毘の火が焚かれるのだ。ガートに運ばれてきた死者は、まずシヴァ神を祭る寺院に安置され、ここで生前にどのような大罪を犯したものでも解脱させられる。ガンガーの水に浸された後、薪の上に横たえられ、喪主が火を点ける。荼毘に付される死体の周りを親類縁者がとり囲んで炎を見つめている。ただし、この場にはたとえ妻であっても女性は加わることができないのだそうだ。後を追って自殺したりすることがあるから、とラビさんは言うが、何か宗教上の問題があるのだろうか。すっかり灰になった仏さまはカーストによって火葬場の仕事を受けもっている人々の手でガンガーに流される。インド人にとって最も幸福な最期ということになる。ただし、子供と出家遊行者は火葬することはないという。子供はいまだ不完全なものだから転生できないからであり、出家は悟り切っているはずだからその必要はないというのだが――。彼らは重りの石をくくりつけてガンガー深く沈められるということである。

インドへの旅を企てたとき私は予習は全くしなかった。いつでもそうだが、私にはあらかじめ勉強してゆくという習慣がない。めんど臭いというのが一番の理由だが、何か調べておくとどうしてもその知識に左右されがちである、それが嫌だということもある。

父と孝行息子

十二月二十五日から翌年の一月二日までという短期間のインド旅行であったのだが、ちょうど十二月の何日か忘れたが、ＮＨＫの番組でガンガーの荼毘について放送しているのをたまたま目にした。いくら予習が嫌いといってこの番組を見ない手はない――。

その大要を述べると、こうである。親孝行の息子がいた。父親はもう余命いくばくもないというので、是非ガンガーで沐浴してから死に、そこで荼毘に付されたいと願った。そこで息子は父親を連れてベナレスにやってきた。この孝行息子の話をＮＨＫが取材したのである。（ここからラビさんの裏話）当然父親の死があって荼毘があって灰をガンガーに流してめでたしめでたしというところだが、肝心のお父さんがなかなか身罷らないのである。十日すぎ十五日すぎてもまだ生きている。仕方ないから一旦取材班はデリーに帰ろうという矢先にお父さんが亡くなった。それ、とばかりに取材班は動き出したのだが、勿論主役は孝行息子である。彼の一挙手一投足も逃すものかとカメラが張り付く。

プージャ（礼拝）の灯

ガンガーの沐浴

彼がふっと外に出ようとするとカメラマンが追いかける。ガートのあたりにはいわゆる公衆トイレなんてものは見当たらない。しかるべきところで用を済ませるのが普通なのである。カメラマンはそんなこととは知らないから、孝行息子の動きは何一つ手抜かりなく撮ろうとする。彼はおちおちウンコもできないという仕儀となる。フンマンやるかたなしというところである。

ちなみにラビさんはそのとき取材班に同行しガイドしていたのであった。NHKの番組とガンガーとそしてラビさんの話がたまたま一つに繋がったというわけである。

沐浴すればダイジョーブ

子供が鳥の巣のようなものにローソクが立ててあるもの（まあ灯籠と言えば言えなくはないが）を売っている。何か願いごとをしてそれをガンガーに流すと希望がかなうというのだ。私はまたインドに来ることができるように祈って、それを水の上に置いた。

茶毘そのものを直近で撮影することは禁じられているのでやや遠景としていくつもの火が燃えている様子をカメラにおさめた。ここは絵にもなるし、俳句にもなる。そんな思いが急に心を占めた。何時間もずっとここにいたい、という気になってくる。船は限られた時間借りであるから今夜のところはそうゆっくりすることはできない。他日を期すことにした。

「知音」の仲間の小野桂之介さんの奥さんは、やはりこの茶毘の風景に魅せられて何日も通ったという。本当にそのような気にさせるから不思議なのである。

しばらく明るい川岸を眺めているとたくさんの船がみな一ヶ所のガートの近辺に集まって行くが、

やがて数人の神職によってドラやら太鼓やらの実ににぎやかな礼拝（プージャ）が始まった。それまで見ていた荼毘とは全く異なる雰囲気で、これが同じガンガーでの情景とは思えないほどである。

翌日の早朝まだ食事前にホテルを出てガンガーに向かう。薄暗い道をたくさんの人が歩いている。道の両側にはこれも多くの物乞いやら物売りやらが出ている。物乞いは両手をさしのべるだけで一言も声を発しない。ただ蹲っているばかりである。暗くてはっきりしなかったが、胴から下がすっぱり切られたような人が道端から生えたみたいにして両手を私にさし出した。

朝のガンガーは夜とはまた別の顔を呈している。北インドも冬ということで沐浴の人はそれほど多くはない。ガートの上の方に大きな傘をひろげて陣取っている人がいる。バラモンである。彼は沐浴に来た人々に説法したり祝福したりしてくれる。また沐浴の時衣類などを預かってもくれるのである。目のくりくりした子供に何人かの男たちがかしずいている。どこかのお坊ちゃんか。沐浴後の髪の毛をていねいに梳いてもらっている。カメラを向けると皆にこにこして応えてくれる。ガンガーの沐浴はだれにも平和と幸福を与えてくれるに違いない。

話は変わるが私のガイドのラビさんが六月に東京にやって来た。どこかの民放が世界遺産の番組を作るということでその打ち合わせだという。私の家にも訪ねて来て、旅行の時に撮った写真などを見て盛り上がった。ラビさんは仕事が終ったら大阪の女友達に会いに行くという。彼はまだガイドになりたての頃、ツアーの中の日本人の女性と知り合いになり、東京に来たときに彼女とアバンチュールを楽しんだという。体も小柄でうんとハンサムというのではないが、話好きで明るく、なかなか隅に置けないのである。私はいまだ教師っぽさが抜けないでいるから、もう結婚して子供もいるラビさんなのに、本当に大丈夫なの――。

するとラビさんいわく「ダイジョーブです。インドに帰ったら、すぐにガンガーで沐浴しますから」。日本にもガンガーがあったらどれだけ多くの人が救われることであろうか。

ガートの上段には山羊が座っていたり、犬どうしが挨拶したりしている。かと思うと、錦の布にくるまった老人が寝ていたりする。はじめ遺体が置かれているのかと思ったのだがよく見るとかたわらに靴が置いてある。するとこれは巡礼か、はたまた死を待ち望んでいる旅人か。犬が彼につきそうようにして腹ばっているのが印象的である。

ガンガーの流れの岸にたくさんの平たい長方形の石が並べられている。これは石一つが店一軒の洗濯屋さん。ガンガーの水で洗った布を、石に打ちつけ打ちつけして汚れを落とし、そのまま河原に干して乾かす。この仕事もカーストによって保護されているので、たとえば学生さんがアルバイトで一寸やるということはできない。皆同じような布に見えるが、決して依頼主に間違ったものを渡すことはないというのも不思議である。お金持はきちんとした近代的な洗濯屋さんに頼むということだが、確かにホテルのバスタオルなど、高級ホテルは真っ白でふわふわだが少し安いホテルになると、どことなく黒ずんでいてゴワゴワしている。

カレーのこと

インドというとカレーということになる。私はカレー大好き人間である。カレーならボンカレーでもただの田舎風カレーでも、手のこんだ高級カレーでも何でも食べる。ウマイとかまあまあとかあるが、まずくて食われたものじゃない、なんて言ったことはない。

カレーと言えば思い出すことがある。大学院生のころ清崎敏郎先生に頼まれて子息の直彦さんが高校受験するための国語をみていた頃である。私がカレー大好き人間であることを知っているから、奥さんは食事によくカレーを出してくれた。ある時いつものカレーとは色も具も違うカレーが出た。私は何の考えもなく、「あっ今日のカレーうまいですね」と言ってしまった。奥さんは一寸間の悪そうな顔をして「ええ、ボンカレーってインスタントなんですよ」と言った。その直後私がどのように狼狽した自分の心を立て直したか、全く覚えていない。いつもは野菜中心の色の薄い手作りのカレーだったので、私はそれをマズイなんて一度も思ったことがなかったので、ボンカレーという伏兵に正気を失っただけなのである。しかしとにかくその後も手作り風のカレーを時々いただいていたから、悪しき印象だけはなかったに違いないと思っている。その直彦さんは若くして亡くなり、清崎先生も奥さんも今はいない。

話がそれてしまった。インドのカレー料理と日本のカレーライスは全く別種である。インドのような暑い国の食べ物の特色は辛い香辛料を多量に用いるところにある。しかし性来のカレー好きの私には毎日毎日のカレー風味の料理に全く違和感を覚えることはなかった。

ラビさんが、「食事大丈夫ですか。そうですか。でも本当に慣れるまでは腹八分目にしておいた方がいいですよ」とアドバイスしてくれた。おかげで私は毎日の朝の儀式も全く滞りなく済ませることもできたし、お腹をこわすこともなかった。

インドといえば水に当たるもの、と思っている人が多い。私もさんざんおどかされていたし、一応は覚悟の上であった。日本から二リットルのペットボトルを三、四本持参したし、湯わかし器も用意した。よくあることだがペットボトルの口がすでにあいていてただの生水を入れてあるのを買わされて、そのために下痢をしてしまうという。持参の水はそのまま飲んだが、ホテルに用意されているのは一応沸かすことにした。でも、それも必要ないなと判断してやめた。とにかく十日近く、私は何事の異状もなく旅を終えることができたのである。むしろ帰国してからの方が便通が不規則になってしまったくらい。

しかし、カレー料理はきっと一ヶ月もいたらあきてしまうかも。それにつけても食に関して日本の豊かさは大変なものだと思う。おいしい世界の料理が、その国よりもおいしく食べられる日本は実にウマシ国なのである。

カーストの生んだもの

ところで私達日本人ツーリストが案内される店は、その旅行の値段にもよるが大体中の上ぐらいのところが多い。ある店に入ったときのこと、立派な風貌の二人の男と、それぞれのワイフ、そして二人の子供達（一人一人が十四、五歳の女の子に抱かれている）が入ってきた。男性の指には大きな金の指輪、胸にはチェーンがきらきらし、女性はまたダイヤとかサファイアの高価そうな指輪をしており、大変美しい容姿である。私ははじめ子供はそれぞれのお姉さんが抱いているのかと思ったのだがそうではなく、いわゆる子守の少女なのである。確かに彼らの様子を見比べると、明らかに少女達の顔立ちは貧相である。カースト制というものがどういうものか具体的に感じられるのがこのような時というべきだろう。お金持はますますお金持になり、美しい人と結婚する。子供も実に可愛いことは言うまでもない。それに対して子守の少女達は一様にそこはかとない暗さを漂わせている。インドでは同じカーストで結婚するのがごくあたり前のことである。まれにカーストを無視して結婚することもあるそうだが、かなりの困難が待ち受けているという。カーストが低くてもお金持はいくらでもいる。たとえばガンガーで荼毘に関わっている人たちは最下層のカーストに属しているそうだが、とんでもないお金持なんだそうな。それは理解できる気がする。かと言ってそういう人がうんと上のカーストの人と結婚しても大変なことが多いだけで結局は幸福にはなれないのだ。もっともカーストは細分化すれば二千以上にもなるというから、私のような外国人には本当のことは何も分らないと言ってよいだろう。

二人の立派な体格といかにも裕福そうな身なり、その振る舞いは、長い間同じカースト内で結婚をくり返してきた結果でき上がったものなのだろう。私はカレー料理を食べるのも忘れて彼らの様子をあかず眺めたものである。

ただガンガーの沐浴に関して言えば誰も平等に神の恩寵に与ることができるというのである。私も次に行ったときにはガンガーの水に直接触れて来ようと思っている。

ミトゥナに魅せられる

北インドの旅三日目の早朝ガンガーの沐浴風景を見学、午前中はブッダの生涯を日本人画家が描いた壁画があるムールガンダ・クティ寺院を訪れた。釈迦の誕生から涅槃までの大きな壁画が寺院の内部を飾っている。何となく日本人的な柔和さが感じられる絵である。

午後国内線の航空機でカジュラホに向かう。カジュラホは、ニコンD3とニコンF6の二台を携えた私の写欲を最も刺激する寺院群がある。いずれも世界遺産となっている西の寺院群と東の寺院群に案内される。千年以上も鬱蒼としたジャングルに埋もれていた多くの寺院が発掘されたのは十九世紀になってからで、それまではジャングル自体が遺跡を保護する役割を自然と受けもっていたことになる。カンボジアの寺院と同じような経過をたどっていることは興味深い。

寺院群の中でも特にカンダーリヤ・マハーデーヴァ寺院、デーヴィー・ジャグダンベ寺院、そしてラクシュマナ寺院の彫刻群に向けて多くカメラのシャッターを切った。カンダーリヤ・マハーデーヴァ寺院の内外壁には八百体以上の像があるという。勿論私の興味は男女交合像（ミトゥナ）であり、エロティックな天女像であることは言うまでもない。時間を惜しんでシャッターを切り続けたが、後で一枚一枚見てみると、有名なミトゥナはほとんど撮影したようである。青空の下に繰り広げられる彫像達の饗宴は全く美事という他はない。ただ俳句の材料にはなりにくく、ガンガーのような俳句的イメージは全く持てなかった。しかしヒンドゥー教の寺院に何故このような性的結合像が数多飾られているのだろうか。日本の民俗でも男女の結合が豊作と子孫繁栄の象徴とされることが多いが、根本的にここのミトゥナも変わりはないと考える。しかし、それにしてもエロスの極みといった交合像が、あっけらかんと地上の人間を見下ろしている事実はまことに興味深いものだ。

多くは男女の交接像なのであるが、大概の場合ヨーガのポーズに似た、かなりの技を要する姿勢をとっている。その場合ミトゥナの両脇に男女がさりげなく当事者の二人を支えていることが多い。また、その脇役たちの手が、それぞれ自分の秘所に触れているというのがおもしろい。当事者の二人は

カジュラホのミトゥナ

そんな脇役の存在は意識に全くないのであり、このような像には明らかに主従関係が見てとれる。交合像のほとんどがかなりのリアリズムである。このような部分的な性描写そのものに当時の人達がどのように反応したのか分らぬが、少なくとも私には宗教的な意味はのけて大変興味深かったのは事実である。

カンボジアの寺院の女性像も美しかったが、これらのミトゥナに勝るとも劣らないのが女神の像である。その多くは腰をひねった形で立つ。これは尻フェチ以外の何ものでもあるまい。どれも同じように美しい尻を衆目にさらしているのである。

女性像の中には睫の手入れをしているのがあって興味を引いた。いわゆる化粧する女である。

ラクシュマナ寺院の基壇部には手が触れる近さにたくさんの彫刻がほどこされている。戦争や象の行列などの彫像の中に人間と動物のセックスが見られる。傍の人物が目をそむけているから、やはりそれなりの抵抗はあったのだろう。その他後背位やシックス・ナインなどさまざまで、さすがに『カーマ・スートラ』の国と感心するのである。ただ、この基壇部も彫刻を保護するという理由で、近い将来直接触れることができなくなってしまうかも知れないという。

多くの官能的なミトゥナが観光客の目を楽しませてくれるのであるが、この彫像の男女の表情は実に真面目である。いわゆるエログロの要素は全くないので、やはり崇高な神の交合ということを措いては考えられないのである。生命と愛の象徴と言ってもよいだろう。

私がインドの村の生活と子供達の写真を撮りたいと言うと、ラビさんはJTBの仲間にすぐ連絡してくれた。彼はなかなかのやり手らしく、すぐに必要な手段を講じてくれた。具体的に言うと、小銭やら菓子、飴などを用意したうえ農村のとある一軒に私を案内してくれたのである。何人もの子供が物めずらしそうに集まって出て来た。写真を撮られることには何の抵抗もないようである。美しい若い母親が赤ちゃんを抱いて出て来る。子供が家畜の小羊をわざわざ囲いから抱き上げて撮れという。誰もが協力的なのだが、これは勿論この村に影響力があるJTBの男性（ラビさんは地元のマフィアと呼んでいる）のおかげである。この村の一角に井戸があり、若い女性ばかり十人ほどが水を汲みに来ていてそこに座り込んで休憩している。なかなかの美人揃いである。彼女達には少し遠慮しながら撮影した。とにかくどんなにきれいな被写体であっても一人だけに集中しては駄目とラビのアドバイスがあった。

子供でも若い娘でも母親でも黒い大きな瞳が印象的であった。今度インドに来たら、ラビさんが知り合いの女子大生にモデルを頼んでやると言う。なかなか人の気持をくすぐるのがうまい男だ。

霧のタージ・マハル

アグラは世界で最も有名な建造物タージ・マハルのあるところだ。午前中の早い時間に訪れたこの美しい墓は、朝霧に包まれていた。ぼんやりと白いドームが浮かび上がり、四隅の塔（ミナレット）も浮かんでは消える。これはタージ・マハルの裏手にヤムナー河という大河が流れているためで、デリーやベナレスでも大河が流れているために霧が多く発生する。

バラモンの傘

村の子供達

村の聖母子

ムガル帝国第五代皇帝シャー・ジャハーンは愛妃の死を悲しんで世にも美しい墓を建てた。これは宮殿ではなく墓なのである。二十二年あまりの歳月と天文学的な費用をかけて完成したといわれるタージ・マハルは完璧な左右対称の建物である。ドームの中央には妃の柩が納められた。皇帝はヤムナー河をへだてて次はこのタージ・マハルと全く同じ墓を築こうと考えていたらしい。しかし彼の皇帝としての立場を忘れたあまりにも個人的な欲望は、その息子の手で幽閉されることで潰えてしまう。そして彼の死後妃のかたわらに柩が置かれることになる。その皇帝の柩のためにタージ・マハルの完全なる左右対称は崩れてしまうのだ。

国力を傾けて完成したタージ・マハル。しかし、いま世界遺産としてのこの壮麗な墓が、世界中からどれだけの観光客を集めているかを考えると感無量のものがある。世界中のどのような建造物においても同様のことが言えよう。人民をさんざん苦しめた独裁者のわがままが、結果的には莫大な観光収入をもたらしている。そう思うと世の中は皮肉なものだ、と言わざるを得ないのである。

霧のベールにつつまれていた我がタージ・マハルも昼ごろにはすっかり全容を現わし、大勢の観光客がカメラにおさめている。月光に照らされたタージ・マハルが最もすばらしいとラビさんが言う。日本に帰国してからラビさんが送ってくれた写真はなるほど比類ない美しさである。しかし、タージ・マハルは被写体としても句材としても私の手に負えるしろものではなさそうだ。

ジャイプールではマハラジャ宮殿のシティパレスなど見たがあまり記憶がない。ただ天文台にはびっくりした。さすが数学などに長じた国という感を新たにしたことである。

ジャイプールの岩山の頂にあるアンベール城は象のタクシーに乗って行く。昔は何往復でも際限なく象を働かせたらしいが、象が疲れて暴れ出し死者が出たりしたので、現在では一頭が二往復に限られているという。一列になってかなりの坂道を登って行くのだが、客を降ろした空車（？）に擦れ違う。その一人の運転手（象つかい）が、私が日本人と見て大声をはり上げた。いわく「ビンボーデスカ？」。どういう時に彼が貧乏という日本語を知ったか分らないが、あまりにも突然の「ビンボーデスカ？」には不意をつかれた。笑いが止まらなくて仕方がないのだ。ラビさんにも少しは私の気持が分るらしくて二人でしばらく「ビンボーデスカ？」を連発しては笑い合った。

デリー市内にもいくつも世界遺産がある。ムガル帝国第二代皇帝フマーユーン廟は彼の妃が建てた。この廟はいわば小型のタージ・マハルと言われる。勿論フマーユーン廟の影響を受けたのがタージ・マハルであることは言うまでもない。その入口の近くに噴水があり、多分女子高生だろうと思われるのが五、六人水の中に入って遊んでいる。若い園丁のような立場の男が注意しているのだが全く無視してキャッキャッやっているのは、私が三年ほど前まで手を焼いていたどこかの女子中学生にそっくりである。皆よい家の生まれらしく天下に敵なしといった風情なのである。私はおもしろがって彼女達をスナップした。また一緒に撮ろうというので彼らと記念写真におさまった。後にラビさんを通じて送ってやったがとても喜んでくれたそうである。彼女達以外でも何ヶ所かでインドの女の子と一緒に記念写真をとったが、このような時はデジタルカメラがきわめて力を発揮する。すぐに自分達がどのように写っているか見ることができるからである。

私はマッサージやエステの類いが好きである。どこへ行っても必ず何らかのマッサージをこころみる。今回はインド風エステというのを体験した。はじめ木で作った台の上に寝かされて、体中に香油をたっぷりとふりかけられる。次にビニールハウスのようなもので体をすっぽりと覆って時間をかけて蒸気で蒸されるのだ。その手順を考えてみると、まるで死者が香油を体中に塗られ、ガンガーの水で浄められた後に薪の上に横たえられて荼毘にされるようなものだ。というより、それを意識して行うのがインド風エステなのだろう。私はムンムンたる蒸気を顔中に受けながらそんなことを考えた。

デリーに戻ってきたのは十二月三十一日である。ジャイプールから四時間半の長距離ドライブである。その夜デリーのラビさんの家に招待された。仲間が何人か集まるという。これもたった一人の旅になったおかげだろう。ラビさんの家族はベナレスとデリーと二ヶ所に家を持っている。このデリーの家はかなり広く、父母と兄さんとラビさんと三つの家族が住んでいる。しかし、その日はラビさん一人で、他はベナレスにいるのだそうな。家は広いが殺風景で、おもちゃやすべり台などがそこいらに置いてあるくらいで家具らしい家具もない。

そこにダージリン茶を販売しているハンサムな青年バサント、ＪＴＢの社員のおふざけアンバル、日本のＴＯＴＯに勤めている独身のラビ（同名）、そして超絶技巧のドライバー、アショカが一卓を囲んだのである。近所から買って来たスナック菓子や鶏のカラあげやピザなど、つつましい男ばかりの宴会であるが、けっこう盛り上がった。皆さん酒は飲まない。

話がウォッシュレットに及んだ。インドではほとんどこの便器は用いられていない。それも道理、ＴＯＴＯの店にだって実物は展示してないのだから。宮殿ホテルの大理石にはめ込まれた小さな細工一片よりもうんと安いウォッシュレットであるにもかかわらず、こんな便利で清々しい設備はインドのホテルにはない。

そこで私はＴＯＴＯのラビに提案した。とにかく実物に接することが一番、ラビさんの家に一つ寄

ラビさんの家で

付して口こみで伝わるようにしたら絶対売れるよ――。その後この話はどうなっているだろうか。

私はこの北インドの旅で一度も体調を崩すことも、何らかの事件にまき込まれることもなく無事に日本に帰ってきた。最後にデリー空港でお土産を見て回りながらだらだらしていた時、突然銃声がとどろいて、皆ショーケースやら絵葉書の売場の棚などに身を隠したことがある。なんだよ最後になってこんなことになるのかと思っていると空港関係者が平気な顔をして仕事を続けている。何のことはない毎日一度は行うエクササイズであったのだ。

私はインドのリピーターになると思う。それほどインドは今までにないカルチャーショックを与えてくれたのだ。今度行けるのはいつの日か、その時が楽しみだ。

＊

北インド紀行抄

利かん気の象を走らす十二月
焚火守る駱駝に生まれざりし故
民草は土に居眠り十二月
星雲の滅びも一死荼毘寒く

荼毘の火の遠き明滅年を守る
年歩むなり神の牛立ち上がり
ガンジスの明暗除夜のバスタブに
大年のインドの仏枕上
行年のガンジスに灯を献じたる
蛇つかひ年の港にうづくまり
人焼いて鼻梁焦がせり十二月
焚火囲む三本足と四本足
人を人と思はぬらくだ年の暮
去年今年デリーは霧の深きのみ
うたほがひ年の港に舫ふなく

モロッコ百句を手土産に 【モロッコ】

月の砂漠の物語

ルックＪＴＢの「サハラ砂漠と迷宮都市――モコッコ幻想紀行10」という旅に参加した。二〇〇九年十二月二十六日東京発、新年の四日の帰国という旅行である。そのスケジュールは大略以下の如きである。

十二月二十六日　成田発、エールフランス便。（出発が夜の二十一時五十五分の予定なので、ゆっくりと準備することができた）。

十二月二十七日　パリ（シャルル・ド・ゴール空港）着、モロッコへの直行便はないのでパリ経由になる。――パリ発――カサブランカ（モハメッド五世国際空港）着。現地のスルーガイドの出迎えを受け、モロッコの旅が始まる。着後バスでカサブランカ市内観光。モハメッド五世広場、アンファの町の丘、国連広場など見る。宿泊はハイアットリージェンシー・カサブランカ。

十二月二十八日　ハッサン二世大モスク見学後、首都ラバトへ（約九一キロの行程）――ラバト着。市内観光、モハメッド五世廟、ハッサンの塔。王宮、ウダイヤのカスバ等見学、その後ヴォルビリスへ（約一七六キロ）。着後ローマ時代の遺跡を見る。――フェズ泊、ザラパークパレスホテル。

十二月二十九日　一日フェズ市内観光。メディナ（旧市街、ブージュルード門、アッタリーン・スーク市、なめし革染色所、ブー・イナニア神学校、染色職人のスーク、ムーレイ・イドリス廟、王宮等を見学。モロッコ人家庭でミントティー――フェズ（ザラパークパレスホテル連泊）。

十二月三十日　フェズ出発、アトラス山脈を越えてサハラ砂漠の入口の町エルフードへ（約五〇〇キロ）。車窓の景色を楽しむ――エルフード着。エルアティ・ホテル泊。

十二月三十一日　早朝メルズーガ大砂丘へ出発。駱駝で月の砂漠を歩く。エルフード発、カスバ街道を約三四〇キロ走りワルザザートへ。その間トドラ渓谷等見学。ワルザザート泊（ホテル・リアド・サラーム）。今日は大晦日ということで夕食はガラ・ディナー。

一月一日　ワルザザート発、約二五キロでアイト・ベン・ハッドゥー。そこから二〇五キロ走ってマラケシュへ。途中タウリトのカスバ、ティフルトゥトのカスバを訪れ、ベルベル人（先住民）の家庭を訪問する。夜はドラクロアの絵画で知られる騎馬軍団のファンタジア・ショー付きの夕食。マラケシュ泊（リヤド・モガドール・アグダル）。

一月二日　マラケシュ市内観光。バヒア宮殿、サーディアン朝の霊廟、メナラ庭園、クトゥビアの塔等見学。夕方ジャマ・エル・フナ広場へ。マラケシュ連泊。

一月三日　カサブランカ（二四〇キロ）、現地スルーガイド終了。カサブランカ（モハメッド五世国際空港）発――パリ（シャルル・ド・ゴール空港）着。

一月四日　東京（成田着）解散。

以上大雑把な旅程を書き抜いてみた。こうして日程を書き抜いてゆくと、はっきりとよみがえって来る景と、薄ぼんやりとした記憶しかない場所とがある。前回の北インド紀行に引き続いてモロッコの印象記を書いてゆこうと思う。

何でモロッコに行ったの、と聞かれても実は確とした答えはない。強いて言えば人にすすめられて、ということになる。自分は行けないけれど、きっとおもしろいに違いないというのである。実は私にはモロッコに関する知識といえばたった二点、一つはカルーセル麻紀なる人物が、モロッコのマラケシュで性転換の手術を受けたとかいう話、それとあの有名な映画の『カサブランカ』だけであった。もっとも映画はカサブランカの現地で撮影したのじゃないそうである。私もはっきりと映画のストーリーなど覚えているわけでもない。

出かける一ヶ月程前だったか、時々行くお鮨屋さんでたまたまカルーセル麻紀さんと同席した。同席といったって知り合いでもないし、親密な話を交わしたわけではない。ただ彼、いや彼女はこの店の常連の一人らしく（この鮨屋さん、とっても芸能関係の客やいわゆる有名人が多いのである。無名人は私達くらいかも）独特のガラガラ声で時の話題を遠慮もなく話し続けている。モロッコは医術が特別にすすんでいるということも聞かないし、彼は一体モロッコのどこでそんな大手術をしたんだろうと、旅行後の句会で話題に出してみた。そしたらある人がいわく「それはマラケシュだからでしょ」（――ううん、なるほど！）。

「モロッコ百句」を目指す

今度の旅行の第一番の目的は「モロッコの百句」を土産にするということであった。六十五歳になる今までずいぶん海外旅行は経験してきたが、俳句はほとんど作ったことがなかった。昨年の北インド、その前年のスペインあたりから、少しずつ海外旅吟をこころがけるようになった。どだい日本の土壌から生まれた詩である五七五が全く気候も風土も異なる海外ではとても無理というのが私の考えであった。だからあえて俳句を作ろうともしなかったし、一寸こころみても結局ものにはならなかったのだ。

昨年の暮れに有馬朗人さんが『鵬翼』という海外詠のみの句集を出版され私にも贈って下さった。一九九六年からの二〇〇五年までの海外詠五六六句が収められいる。それ以前の海外詠は特に分けないで発表されている。有馬さんは国際的な物理学者としての顔があり、旅行もきわめて多忙な日程をこなさなければならない大変な忙しいものに相違ないだろうと思う。しかしこれだけの作品を残していることは並大抵の努力ではないと思う。いわゆる観光旅行としてツアーに参加するくらいの私が自分の本業たるべき俳句を作らないでどうするか、というのが近頃の私の思いとなって固まりつつある。

よしモロッコ百句仕上げるぞ——。

カサブランカ（白い家）

モロッコへの直行便は運航されていないのでパリ経由でエールフランス機に乗り継ぐことになる。

テロに対処するために機内への液体の持ち込みはきびしくチェックされる。トランジットがある場合は成田の免税店でアルコール類や香水など買うことはできない。パリで没収されてしまうからである。不安定な情況がある限り仕方のないことだろう。

十二月二十六日、私はほとんど知るところのないモロッコに向けて飛びたった。

カサブランカはモロッコの第一の都市で人口は四百万人を超えるという。ここから現地のスルーガイドが同行する。彼は脚が悪いらしく片方の足をかなり曳きずるようにして歩いている。とても温厚な人のようだ。

カサブランカとはスペイン語で「白い家」を意味する都市であるが、着陸態勢に入った飛行機から見た陸も白い固まりが地面にこびりついている、といった感があった。新旧を問わず、街のほとんどの建物が白く塗られている。その白のさまざまな変化が目を楽しませてくれる。白という色は実に深みがある彩りなのである。カサブランカ市内観光ということではじめて訪れたモハメッド五世広場は何の目的で来ているともつかない人々があふれ鳩があふれ子供がその鳩と遊んでいる、ただそれだけという印象の広場である。しかし、このような景色を見るにつけ思うのはイラクなど本当の平和と安全がいつやってくるのか分らないイスラムの国々がいくつも存在するということである。

旅行後「モロッコ」は安全なの？　という質問を多く受けた。

少くとも私が滞在した十日ほどの間に危険とか不安定といった要素は全く見あたらなかった。これはモロッコは王制の国ということもあるのではないかと思う。飲食店のほとんどが現国王のモハメッド六世の写真を掲げており、国内に十五ヶ所ほどあるという王宮もしっかりと警護されているようだ。むしろ王様が滞在している時は警備が少しオーバーではないかと思われるようなこともしばしばあった。王宮に王様が滞在している時は沿道にもモロッコの旗が掲げられる。赤地に五つの角を持った星がデザインされているシンプルな旗である。そのようなパレスでは城壁の周辺にたくさんの兵士が屯ろしている。勿論みな銃を肩から下げているし、腰にピストルを帯びているのは警察官であろう。彼らは車窓からでも王様のいる王宮の写真を撮ろうとすると厳しい顔で制止するのである。ところが王様不在のパレスは見学もできるし、写真も自由である。その落差には少しびっくりさせられる。

まあ一面から言えば、このように王様が守られている国だからこそ安全な国といえるのではないだろうか。

ハッサン二世大モスクはモロッコ最大規模を誇る。大西洋に面したこのモスクは一九三三年に完成している。聞けば海を距てたアメリカ合衆国の自由の女神に対抗して建てられたのだという。ミナレットの高さは二〇〇メートルもあり美しい彫り物でその内外を飾っている。トルコの寺院やスペインのアルハンブラなどでもそうであるが、イスラム文化は幾何学模様に象徴されるようだ。このハッサン二世モスクも例外ではない。

広々とした内部は二万五千人が祈りを捧げられるし、外のさらに広々とした敷地には八万人もの信者が集えるのだという。しかし、おもしろいことに、モスクに集うのはお祈りの時に限定される。それはずっとそこに居続けているとよからぬ者がよからぬ煽動者になりかねないからで、「小人閑居して不善をなす」ということわざに通じる予防手段なのだろう。

とにかくお祈りタイムが終ったらすみやかにそこを立ち退かなければいけない。また、そうでなかったら私達旅人はモスクの内部などゆっくり見学する暇もないことだろう。

モスクを出て大西洋を望む。あの向こうがアメリカだネなどとうなずき合う。日本列島が中央に位置する世界地図を見慣れている我々には、モロッコ、大西洋、そしてアメリカ大陸の位置関係が正確に把握できないのである。

カスバ

カスバという言葉はかなり間違った意味で解釈している日本人が多いのではないだろうか。有名な「カスバの女」という歌謡曲に、〈どうせカスバの夜に咲く酒場の女のうす情〉という文句がある。そこでカスバとは新宿の歌舞伎町みたいな歓楽街か、酒場が密集したようなところと思っている人がいないだろうか。

しかし、カスバとは一般的に四隅に塔屋のような構造を持った建造物をいう。広辞苑には「北アフリカの諸国にある城砦、また城壁で囲まれた区域。城砦のある都市や旧市街をもいう。アルジェのものが有名」とある。

モロッコには実に多くのカスバが遺跡として残されている。またホテルや飲食店などカスバ風に新しい建物が建てられたりする。そういった新旧の建物がいりまじって独特の市街をなしているのである。

古いカスバはほとんどが崩れかけたり破壊されたりしている。その原材料の多くは日干しレンガである。いくら乾燥した国といってもやはり雨季があるし、長い時間の経過で、崩れたりすることがあるだろう。特に天井の部分はそれがいちじるしいから、廃墟になっているカスバはほとんどすべて天井部分が失われている。またそれが何とも言えない景観をなすわけである。

カスバ

いたずら書き

もともとカスバは土地の豪族が建てた屋敷である。多くの親類縁者が一人の族長のところに集まって集団生活をする。すると勢いその邸宅は大型化し城砦の趣を帯びてくる。他からの侵入をさけるために見張台のような構築物も具わってくるというものである。カスバ街道を走っていると大小さまざまなカスバが次々に現われる。皆同じ土の色であることは言うまでもない。

大規模なカスバはそれ自体一つの街をなしているようだ。四隅の塔屋も高くなり、全く一つの城砦としての機能を持つようになる。写真を撮っていて、このようなカスバの遺跡には大変心をひかれる。しかし周辺の山々や崖とほとんど同色で、見た目よりも変化がとぼしい写真になってしまうのはいたしかたないことである。

私達のツアーがワルザザートで泊まったホテルはこのカスバの趣を現代に活かしたホテルであった。このホテルのように、昔からいかにも北アフリカ的であるカスバの構造と見た目を活用した建築物は興味深く見られるし、異国情緒が楽しまれるというものである。「カスバの女」も、このように昔のカスバを利用したバーかキャバレーのようなところで生きている女性を歌ったものかも知れない。またこの歌には〈ここは地の涯アルジェリア〉とあるから場所はさらに北アフリカらしくなってくる。『広辞苑』の説明にあった通りである。

くだくだしいほどカスバについて書いてきたのは、やはりモロッコ旅行を通じて最も印象深かったものとして私はまず第一番にカスバをあげたいと思うからである。それほどに私にはカスバの遺構と新しい建物としてのカスバ風の街が興味深く思われたのである。

モロッコの旅は、カサブランカから始まり、八日目に再びカサブランカに戻ってくるまですべて旅程はバスを用いる。旅の三日目はカサブランカから三三〇キロ以上を走ることになる。しかしバスは快適だし、途中でタイミングよく休憩があるのでそれほど心の負担はない。むしろ空港での面倒臭いセキュリティーチェックがないだけ気が楽というものだ。

インド旅行の時はかなりおどかされていたので飲物には細心の注意を払ったが、今度の旅ではあまり気をつかうことなく茶を飲んだり、フレッシュジュースやエスカルゴを口にしたりした。その結果として不都合のことは全くなかった。

カサブランカから九〇キロほど走るとモロッコの現在の首都であるラバトに着く。国王は普段はラバトにある王宮に住んでいる。その国王の祖父にあたるモハメッド五世の霊廟を見学する。入口にはそれぞれ騎馬にまたがった兵士が二人門を守護している。というより、全く観光的な門番さんなのである。馬は生き物だから一寸の間も大人しくはしていない。その馬を御しつつ観光客の写真のモデルになるのが彼らの仕事なのである。写真のモデルというとチップということになるが、何といってもモハメッド五世の廟の番人である。チップを要求することはないし、また、できない。なにしろ馬にまたがっているのだ。

美しいモザイクに装飾された廟には四方に入口があり、ここにも立派な顔だちの兵士がいて警護している。この衛兵もまた恰好のモデルであり、観光客はお墓の見学もそっちのけで彼らと記念写真におさまる。にこにことてても愛想がよい。勿論写真を撮られるときは真面目な顔付きをしている。彼らは霊廟の門番なのである。物好きな人はこの門番と次々に写真におさまる人もいる。みんなとてもハンサムなのである。その上記念撮影に協力的ときている。お墓の見学とも思えない親善風景が廟の四方で展開するというわけだ。

廟の内部に入るとその四隅にまた衛兵が立っている。ちょうどテラスから見下ろすようなところにモハメッド五世の柩が安置されている。その柩の伽をするような感じで多分イスラムの坊さんだろうか、ずっと本を開いて読み続けていたのが印象的であった。衛兵さんとの記念撮影に満足した見物客は、美しいモザイクの霊廟の内部を眺めただけでそそくさと表に出て行ってしまうのである。廟の脇の門柱をゆっくりゆっくり時間をかけて磨いていた男が心にとまった。

モハメッド五世廟を出ると同じ敷地に未完成のモスクの柱が目をとらえる。予定では八八メートルになるはずだったミナレット（尖塔）は四四メートルで建築が中断されたのだそうだ。この塔は一昨年にスペインで見学したセビリアのヒラルダの塔と同じ様式で建てられているという。そのミナレットの周辺にたくさんの数の作りかけの柱が並んでいる風景は異様なものである。またこの敷地の境目をなす部分に日干しレンガを用いて作った城壁の一部が残されている。どこの城壁にも見られるのであるが、壁にあたかも銃眼でもあるかのような穴がある。これは城壁を積み上げてゆく時、爪先を入れて作業をしたそのための穴である。それがある程度規則的に並んでいるので一種の模様みたいに思われるのであるが、その穴に鳩がちゃっかりと住んでいて、まるで鳩のアパートのようだ。よく見ると壁を蜥蜴が這っていたりする。

ラバトから一七六キロほどでヴォルビリスに到着する。途中の街道で、きのこやどんぐりを売っていた。日本のとうもろこし売りや梨・りんごなどの売店の小さなものと同じである。コルクの木はちょうど人間の背丈ぐらいのところを剝がれて、色が変わっているのですぐそれと判断できる。

ヴォルビリスはモロッコにおける最大のローマ遺跡である。ゆったりとした丘陵をなすこの地には紀元前二世紀の頃から人が住んでいた。凱旋門、神殿、公共広場、浴場そして邸宅跡など四〇ヘクタールにわたる広大なローマ遺跡は、モロッコを旅してきた目にはまるで別世界のように感じられる。床や壁に残されたモザイクや彫刻など往時の面影を強く感じさせるほど保存状態がいい。折から夕焼が神の丘に広がり円柱や門などが美しいシルエットをなしてこれらのローマ遺跡を荘厳するかのようであった。

フェズの迷路

フェズの旧市街は世界一複雑な迷路の町と言われる。このモロッコ最初のイスラム王朝の街、道は極端に狭くくねくねしていて、人一人やっと通れるほど狭いところもある。勿論車はシャットアウトでロバだけが許可される唯一の交通運輸手段である。

フェズの旧市街の迷路を歩いているといつの間にかツアーの仲間の姿を見失ってしまう。一本道であって一本道ではない。小さな道がすぐに枝分れする。しかしその点はツアーガイドがしっかりと私のような動きの鈍い者も把握してくれている。すぐに立ち止まって写真を撮ったり、垢すりやブラシのようなものを手にとったりしている私も何とか一緒にくっついて行けるというものである。

なめし革染色所は何とも言えない見学地であった。狭い旧市街の一角にそこだけが別世界のような風景が展開する。動物の皮を洗ったり染めたりなめしたりするその工程だろうか小さな水たまりのような槽がたくさんあってものすごい臭気をただよわせている。まるで地獄を見下ろしているようだ。

そのような作業所を見下ろすようなテラスがあって、そこから観光客は作業の様子を見学するのである。我々は最初にミントを束ねた房を渡される。ミントを少し揉むようにして匂いを出し、それを鼻腔にあてがって、異臭をまぎらわせようというのである。観光客の中にはあまりの臭いに気分を悪くして倒れてしまう者もあるという。勿論その悪臭の中で作業している人はマスクもつけていなければハンカチを使うわけでもない。ただ黙々と駱駝の皮や牛の皮、山羊の皮をなめす作業を続けているばかりである。まるで地獄のような光景を見て色々考えることは多いのである。

ふと目を転じると、この作業場に隣り合った建物の屋上で若い母親が子供とのんびり遊んでいる。匂いは気にならないのか知らんなどと余計な心配もしたくなるのだ。なにせあたり一面様々な種類の毛皮が天日干しされているのである。

ものすごい臭いと景色は作句欲を刺激するには十分であった。もう少しこの景の中に身を置きたいとは思ったのであるが、我々は当然ながら皮革製品の陳列されている店に案内されることになる。これは当然のなりゆきである。

実に多種多様な皮革製品がところ狭しと並べられているが私はあまり食指が動かない。革ジャンパーだったら東京でうんと安い店を知っているし、それになかなか自分の体型に合うものはない。また短い時間で自分に合ったものを見付けることはとても難しい。だからはじめから革ジャンパーとかコートには目が行かないのである。買物というものは不思議なもので、一団の誰かが口火を切らないと、ずっとしめったままの雰囲気になってしまう。ところが誰かが何かを買うと我も我もということになる。私ははじめから高価なものは買わないつもりであったから、店の隅っこにぶら下がっていた駱駝の皮製のラクダを買った。もちろん安い。それから文庫本サイズのブックカバーを買った。そうする

なめし革染色所

とそれをしおに皆がそれぞれ財布の紐をゆるめ始めたのである。駱駝の皮のスリッパなども何人か手にしていたようである。しかし、コートとか靴などは売れなかったようだ。じっくりと選びたいものはやはり一寸買いにくいのである。

フェズには神学校やモスクがたくさんある。そのうちのいくつかに案内されたのだが、皆忘れてしまった。よほど特色がなければキレイさっぱりあとかたもなく忘却してしまう。というより色々な景色がごちゃ混ぜになってしまうのである。

モロッコの人々は大体において穏和な雰囲気につつまれている感があるのだが、子供は一寸違う気がした。小学生の高学年くらいの子供達の下校風景に会ったが、そのうちの何組かがかなり激しい口調で言い争っていた。それもよく見ると男の子と女の子である。そして少なくとも私の見た限りでは女の子の方が乱暴である。相手をののしるだけでなくかなり強く叩いたりしている。男の子も負けずに抵抗するのだがどうも旗色が悪い。私の見たのは特殊な場合だったのかも知れないが、もしかしたらそれが今の風潮なのかも――。

そういった中でロバは本当にすごい。何がすごいってあのメディナ（旧市街）の喧騒の中でもちっとも自分を見失ってはいない。主人がここにいろよと言えば何年でもそこにじっとしているような、そんな従順なロバを何頭も見て、「私モロバニナリタイ」と思わずにはいられなかった。

大人達は私の七色の髪の毛を見て概して穏やかな反応であった。だいたいにこにこ顔で賛意を表するのが常であったが、子供達の反応は日本と同じである。子供だから当然のことであるがいつもよりオクターブ高い調子で何かをわめきちらしている。まあ「ヘンな奴がいるぞ」といったことを仲間に知らせ、見ろ見ろと言ってるらしいことが分る。

話が変わるが私はこんどのモロッコ旅行で百句の俳句を作ろうと意気込んでやってきたのであるが、旅行のことを昔の教え子達に話すと、是非写真を撮ってきてくれとのこと。そしてそれについて話をしてくれないかということになり、私は二つ返事で彼らの要望を聞き入れた。これで重いカメラを持ってゆく言いわけができるというので、私は二つ返事で彼らの要望を聞き入れた。カメラ好きの私としては、どうしてもいい被写体があるとそれに夢中になってしまう。だから越中おはらの風の盆など、いつも踊りの世話人とか先導役をしている人に睨みつけられたりする。私の友人など「あなたは俳人なんだから俳句を作ってなんぼ、写真なんて一文にもなりはしない」ときびしいことをおっしゃる。常日頃たしかにその通りだと思っているから、今回は小型のカメラだけ持参しようと思っていたのだが、これで思い切って大きいのを持ってゆくことができる、と喜んだというわけなのだ。さてそのために私は4ギガバイトのコンパクトフラッシュメモリを二枚用意してカメラに装着した（心算であった）。ところが何を間違えたのか、わざわざ新しいのを机上に残してもう何百枚も撮影してしまって全く残りの枚数がないものをカメラに収めて意気揚々とモロッコにのり込んだのでありました。そしてそのことはすぐ結果となってあらわれた。何枚も撮影しないうちに、もう撮影できませんの文字――。そんなはずはない。もしかしたら撮影の設定を間違えてもっとも枚数の少ないのにしてしまったのか、とにかくわけがわからず、携帯で東京に問い合わせるやら何やら、もうさんざんの体たらく。メディナのとある写真屋さんで同じ4ギガバイトのコンパクトフラッシュメモリを買うことができてやっと解決。それからは今までの分も取り戻そうと撮りまくったという次第で、今でもどうしてこんなことになるのか自分でも全く分らないでいる。

アトラス山脈

モロッコの旅はアトラス山脈との旅といってもよいだろう。アトラス山脈はモロッコの北東から南西に向かって斜めに横切るかたちの褶曲《しゅうきょく》山脈で、ギリシア神話に因んで命名されている。三千メートルから四千メートル級の山がまるで万里の長城のように連なるのであるが、あまり高さを感じさせない。今年は雪が少ないせいであろうか、ピークのような嶺々しか雪を冠っていない。しかし、この旅の間ほとんどアトラス山脈を視野のどこかに置きながら車を走らせるのである。

そのアトラス山脈の峠を越えてフェズから五〇〇キロ、サハラ砂漠の入口の町エルフードへ向かう。カーブが多く断崖絶壁といった趣の山岳路をバスはこともなげに走る。ドライバーはラジオのモロッコの音楽のリズムにのってスイングしている。この時私は一番後ろの座席にいたからよかったものの、最前列だったら恐ろしくて一睡もできなかっただろう。なにせ一寸ハンドルを切りそこねたら千尋の谷底へ、といった景色の中をバスはスピードも落とさずに走るのである。確かに車窓からの景色は変化に富んでいる。

エルフードのホテルはお世辞にも快適というわけにはゆかない。トイレは流れない。エアコンは不調。しかし、砂漠の町なんだから仕方がないかとあきらめも早い。

十二月三十一日、早朝、まだ真っ暗なうちに我々一行は三台のトヨタ・ランドクルーザーに分乗してホテルを出発。４ＷＤは砂塵をまきあげながらつっ走る。三台がそれぞれ別のルートを走るのである。といってもお互いに視認できるほどの距離を走る。前車に続いて走ったら一時間ほどずっと砂埃を吸っていなければならないのだ。

サハラの月

メルズーガ大砂丘は今回のツアーの目玉の一つである。サハラというのは砂漠ということらしいが、広大なサハラ砂漠のほんの一端ではあるけれどさすがに雄大な景である。もっとも駱駝が我々を待ち受けている場所に到着したときはまだ暗くてほとんどあたりの景色は見えない。ただ大きな丸い月が皓々と照り渡っているだけだ（運のいいことに我々が訪れたときはたまたま満月の夜だった）。こんな暗さの中で駱駝に乗るのかと思うと少し恐くなってくる。

ロバと違って駱駝はあまり従順な動物ではない。それに大きい。彼の表情を見ると一筋縄ではゆかぬ相手であることがよく分る。落語に「らくだ」というのがあるが、こんなところから乱暴者の男についた渾名だろう。駱駝の乗り方がまず難しい。砂の上に座った駱駝によいしょとばかりまたがると（ちなみにサハラの駱駝は一と瘤であり、その瘤の上に乗っかることになる）、駱駝はまず後ろ脚をぐいと伸ばして立ち上がる。乗っている私はかなりのショックであやうく前方へ投げ出されそうになる。次の瞬間やや短く感じる前脚をぐいと突っぱるのである。一たん前に放り出されそうになった体が、今度はぐんと後にひき戻される。まるで鞭打症のような感じである。これで転落でもしたら男がすたる。必死になって自分の前にある取っ手のようなものにしがみつくのである。ツアーの誰も振り落とされることなく無事に隊列を組むことができた。落駱駝《らくらくだ》でもしたら（駱駝から落ちるのは落駝というかな）一生笑い者にされるところだった。

一行は三グループになって砂漠を進んでゆく。三頭か四頭ずつつながれているのであるが、ちょうどこの頃満月は砂丘の西方に沈もうとしている。まさに月の砂漠の歌の通りである。ただ一寸違うのは前の鞍にも後ろの鞍にもお姫様や王子様はいない――。

月が沈み切るころに砂漠の日の出を拝む場所に到着し、それぞれ駱駝つかいが砂の上に敷いてくれた敷物に座って砂漠の日の出を待つことになる。次第に明るくなってゆく東の空、それにしたがって砂漠の砂も美しく変化してゆく。サハラ砂漠は赤い色が他と違って際立って美しいのが特徴である。

この日、風は無風に近かったのであるが、それでも微少な砂粒が舞い上がる。人が通った時などは特にそうで口の中がいつの間にかシャリシャリしてくるのだ。

砂漠の町エルフードからワルザザートまでは約三四〇キロ、途中大岩壁が四囲に屹立するトドラ渓谷を訪れる。

この日のホテル、リアド・サラームはカスバの造りである。オリオンと満月が相接して夜空に低く位置をしめている。夕食は大晦日ということでガラ・ディナーが用意されている。食事がすんだ後でアフターディナーを楽しみながらカウントダウンを待つ。ツアーの仲間はほとんどそれぞれの部屋に引きあげてしまって、残ったのは私を入れて三、四人。新年を祝って大きなケーキのローソクに火がつけられ、帽子やマスク、ピーピー音のたつグッズなどが配られる頃には私と添乗員の小坂さんだけになっていた。最も新年を迎える大さわぎを楽しんでいたのはどうやらホテルのコックさんやボーイさん、それに女給さんたちであったようである。

休憩する駱駝

お祭広場はもと処刑場

ワルザートからマラケシュまでは約二〇五キロ、その間いくつものカスバを訪れる。アイト・ベン・ハッドゥーは一村が大きなカスバという構造である。この村は『アラビアのロレンス』などいくつかの映画の撮影地ということである。小さな流れをロバの背にゆられて渡った。このアイト・ベン・ハッドゥーに住むベルベル人の家庭を訪問し、ミントティーを楽しんだ。現在この旧村に住んでいるのは五、六家族だけで、他は小川をへだてた新しい村に移り住んでいるということである。

今夜の夕食は騎馬軍団のファンタジア・ショー付きである。食事を楽しんだ後、席を広い馬場に移してショーを見る。いわゆるアクロバットが中心で、かつてドラクロアがこのショーの模様を描き、それで有名になったという。もう少し演出がよければもっともっとおもしろいショーになるのではと思う。何か田舎っぽいのである。

マラケシュには王宮が二つあり、ここも王が不在の時にはかなり自由な見学が許される。市内観光で印象的であったのはサーディアン朝の霊廟である。様々なモザイク模様の装飾がほどこされた壁画や床に囲まれて代々のスルタンや王妃や王子が眠っている。なかには柩の形がなく平たい石畳の下に葬られているような墓もある。遺体はそのままのかたちで埋葬されるというのだが、一体どのような処理がなされるのだろう。外国の霊廟を見るときいつも疑問に思うことである。

夕刻この旅行のメインの一つとも言えるジャマ・エル・フナ広場へ繰り出す。もともとこの広場の名称は「死者達の広場」を意味している。つまりここは公開の処刑場であったのだ。しかし今はモロッコを代表するお祭広場になっている。

さきにモロッコでの交通はインドに比べて大変静かであることを書いたが、このお祭広場へ集まる車の渋滞ぶりはすさまじい。ここだけはインド人も顔負けするほどのクラクションの渦である。それぞれの車がぎりぎりの勝負をしているが、やがてすぐに落ち着くのがインドと違うところだ。

広場は昼は閑散としているが夕方からだんだん賑わってくる。夕闇があたりをおし包むころにはジャマ広場のいたるところでさまざまなパフォーマンスが行われる。猿が走り回っている。ある一角には種々の蛇が石畳の上にとぐろを巻いている。太鼓や笛などがドンドンピーピー不思議な楽を奏でる。私は夕焼のミナレットが美しいシルエットをなしている風景にカメラを向けていたら、太鼓を打ち鳴らして跳ね回っていた若者がすっ飛んできた。「いまオマエはオレ達の踊りを撮っただろう、マネーマネー」というわけである。説明してもしょうがないから小銭を渡す。

ある時間まで自由行動だったので私はカメラを二台抱えて絵になりそうなところを探し回った。途中で、まさにしぼりたてのフレッシュジュースを飲んだりエスカルゴを食べたりした。インドではかなり用心してレストラン以外では食べ物を口にしなかったのだが、モロッコではそれを忘れた。

ジャマ広場の喧騒は夜半の一時ごろまで続くらしいが、我々旅行者はとてもそれまではいられない。後ろ髪を引かれるような思いを残してジャマ広場をあとにしたのである。

ところでこのような場所で写真を撮る時には小銭を用意してモデルにすることをはっきりと了承してもらった方がいいのではないかと思った。中途半端な距離から、中途半端なフレーミングで何となく撮ることはどうにも気が引ける。ＯＫをとってバシャバシャとシャッターを切ったら気分がすっきりするだろう。今度このようなシーンのときはそのようなスタイルで行こうと思った。

今回のモロッコ旅行のホテルではマラケシュのリヤド・モガドール・アグダルが最も快適なホテルであった。それは砂漠の町エルフードとは比べものにならない。このホテルのオーナーはとても厳粛なイスラムの信者である。そこに大きな落とし穴があった。ホテルでは一さいアルコールが飲めないのである。私はいつもナイトキャップとしてブランデーの小ビンを用意している。今回はパリ経由になるから成田では酒を買ってゆけないから、あらかじめスーツケースに自宅からブランデーを入れていった。一人で部屋で飲む分にはいいが、やはり食事の時にワインも何もないのは参ってしまう。これでは教師の時の修学旅行の食事と同じではないか。それにこの優雅なホテルに二泊もするのである。その上これでモロッコともさようならという夜ぐらい、何日間か行を共にした仲間達と酒盃を上げたいのは誰もの希望である。あらかじめ聞いてはいたけれど、それが残念なことの一つであった。

東京を出発する前の天気予報は雨雨雨……。まあ雨季にあたるんだから仕方ないことと思っていたのだが予想に反しての好天。何よりも年末年始の満月（それも砂漠に沈む月である）を見られるなんておまけ付きである。いまふり返ってみるとコウノトリなんかもなつかしく思い出される。町の色々なところに巣をかけて雛を育てているのである。ロバは私にとって最もなつかしい友のように感じられてきた。インドとちがってカルチャーショックを受けることもなく、まあ単なる観光旅行ではあったが、その国土のもつ歴史と風景はとても印象的であった。

アトラス山脈はまさにモロッコの竜骨をなして堂々と横たわる。雲に紛れるというほどの高さを感じさせないのもその特色でもあろうか。いまでもその山並みが目に浮かぶ。

＊

モロッコ紀行抄

候鳥のごとく師走の旅ひとり
民といふ髭面往き来冬の暮
冬の噴水鳩のものいひあらけなく
カサブランカ冬日千年塗り込めて
カサブランカは白き堆積糞のごとく
墓原が白い礁をなして冬
銃眼に鳩の愛語やカスバの冬
生皮を剝がれて冬のコルクの樹
生傷を冬日に癒すコルクの樹
ロバ駆つて冬日さすらふペシミスト
ロバ連れて塞翁のごと我を見る

ロバ駆つて行く地平あり寒夕焼
メッカ向く冬日の墓の一つ一つ
テーブルチャージ集めて回る冬の蠅
円柱冷ゆキリスト以前ゼウス以後
神々の丘より火の手寒夕焼
ジュピターの手より放ちし寒夕焼
わが骨もて焼くべし冬日のボーンチャイナ
極月のフェズの迷路にあそびけり
年つまる迷路にロバをやりすごす
皮鞣す男や冬の赤はだか
ミントもて鼻腔をふさぎ十二月
皮鞣すなり数へ日のホロコースト
皮鞣す酸鼻をきはめ十二月
冬日あまねしその血の色に獣皮染め
血の池地獄冬日に臭ひわき立たせ

冬日あまねしかつて命を包みし皮
ラクダの皮洗ふ冬日に胸はだけ
吾をのせて冬日のロバの瞳の澄める
パラボラも冬日の墓も白きのみ
石くれの動けば羊冬日の丘
アトラスの竜骨《キール》かがよふ昨夜の雪
冬日のリズムモロッコの血のリズム
壮齢か妙齢か雪いただくは
憎さげに笑ふ駱駝や十二月
降ろす「否《ノン》」乗せる「否《ノン》」極月の駱駝
青々とミント畑や十二月
峡谷に大つごもりの葬一つ
峡谷の冬日のまぶしむ哭き女
哭き女峡の冬日をてのひらに
廃屋の窓の冬日をまぶしめる

長城のごとくに嶺々や十二月

パラボラは冬の向日葵丘を埋め

行く年の旅寝の夢もなかりけり

去年今年オリオン低く月低く

去年今年カスバの闇に眼がなれて

寒満月弾む一と瘤駱駝の背

黒山羊に白山羊にハッピーニューイヤー

新年をことほぐミントティー熱し

聖戦《ジハード》に赴かざるは日向ぼこ

初旅のカスバ街道行けど行けど

靴磨きカスバの冬日あるかぎり

初旅のアトラスは丈競はざる

初仕事ロバに一と鞭くれしより

ロバの瞳にうつりて我も初景色

新年も髭面屯ろするばかり

長城をなしてアトラス初景色

初夢のわれは断尾のロバであり

蛇つかふ腕も蛇や二日暮れ

二日はやスーク道幅つかひ切り

二日はや暮れて広場の蛇つかひ

二日はやガラガラ蛇の声音なし

地に糞《ま》りしものの如くに冬の蛇

エジプトの光と陰【エジプト】

エジプトがいま――

二〇一一年一月二十五日以来、エジプトがとんでもないことになっている。とは言ってもそれは平和な日本の一旅行者の感想に過ぎず、もともとこのような騒乱の火種はずっとくすぶっていたのかも知れない。しかし、私がルックＪＴＢの「ナイルの船旅と神秘の古代文明――悠久のエジプト紀行10」なるツアーに参加して訪れたエジプトには、こんな大騒ぎになるような雰囲気は全く感じられなかったのである。

ただ、アスワンを訪ねたときのことである。ちょうどその日、ムバラク大統領が同市を視察にくるという。そのために旅行が一時ストップさせられるかも知れない、と現地ガイド（二十年あまりエジプトに住んでいる日本人）がやや迷惑顔で我々に伝えたのである。なるほどバスの窓から見る道路沿いの景はいかにも独裁者の来訪にふさわしい物々しい警備ぶりである。十数メートルおきに自動小銃を肩にした兵士が、彼の通過予定の道路にずっと立ち並んでいる。エアポートも大統領の乗降時には閉鎖され、一般の旅行者は搭乗機の中や空港の建物で待機させられるのだそうな。

これといった産業もなく、ほとんど観光に頼っている国なのに、肝心の旅行者をないがしろにするのは全くけしからぬ話で、一同大いに憤慨したのであったが、やはりこういうことになってしまったというわけだ。ガイドの心配した通り、予定の道路がクローズされたため、我々は別のコースを選択することになったが、被害は最小限ですんだ。ムバラクの動きと我々のそれが全く一致した時は惨憺たることになっていただろう。

しかし、我がエジプト紀行を書くにあたって、このような前書を付することになろうとは全く思いもしなかったのは事実で、実際の私の旅はほとんど予定通りに進み、予定通りに終ったのである。

まず、旅の日程の概略を書いておくことにしよう。

十二月二十五日　エジプト航空の直行便で成田発、カイロにて現地ビザを取得、入国検査を終えて空港出発、ホテル着。
十二月二十六日　クフ王のピラミッド入場。太陽の船博物館。パノラマポイントで三つのピラミッドを眺め、駱駝に乗って記念写真。スフィンクス見学。パピルス工房。オールドカイロのムハンマド・アリ・モスク見学。この日から一月二日まで日本人の現地ガイド横石修さんが随行。
十二月二十七日　カイロ空港出発。ルクソール着七時。カルナック神殿（スフィンクス参道、塔門、大列柱室、至聖所、聖なる池）見学。
ソネスタ・セント・ジョージ号乗船。ルクソール神殿（オベリスク、ラムセス二世の中庭、列柱室、至聖所）見学。

十二月二十八日　出航七時三十分。ナイル西岸へ。メムノンの巨像、貴族ラモーゼの墓、ハトシェプスト女王葬祭殿、王家の谷（ツタンカーメン、ラムセス九世、ラムセス四世の墓入場）、カーターハウス。エスナに向けて出航。ヒエログリフ講座あり。

十二月二十九日　エスナ出航、エドフ着。馬車にてホルス神殿へ、見学。出航、大夕立あり雹ふる。コム・オンボ着、昼落雷のため夜間照明のないコム・オンボ神殿を懐中電灯たよりに見学。ガラベーヤパーティー。

十二月三十日　コム・オンボ出航、アスワン着。アスワンハイダム、ナセル湖、ボートでフィラエ島へ。イシス神殿見学。切りかけのオベリスク見学。アスワンスーク散策。ベリーダンス。タンヌーラ・ショーあり。

十二月三十一日　ソネスタ・セント・ジョージ号下船。アスワンから、アブ・シンベル空港。アブ・シンベル神殿（大神殿・小神殿）見学。アブ・シンベル発、アスワン経由でカイロ着。チェックイン。

一月一日　ダハシュール（屈折ピラミッド）、メンフィス（ラムセス二世の巨像）。カーペット工場、サッカラ（階段ピラミッド）。

一月二日　エジプト考古学博物館。ツタンカーメンの黄金のマスク、純金の柩、ミイラ室など見学。カイロ空港。ガイドの横石さんとバイバイ。

一月三日　十二時成田着。

以上が今回の旅のスケジュールである。この旅程に順って旅の感想を書いてゆこうと思う。前回のモロッコの旅も最終目的はモロッコ百句を作ることであったが、こんどのエジプト旅行の最大目的もまた「エジプト百句」を土産にすることであった。かなり気を入れてとにかく五七五にまとめる努力をして三百行以上のメモは記したのであるが、エジプトの自然はなかなか季題としてあつかうのが難しかった。帰国して見直してみると、まさにただのメモにしかすぎないのである。とにかく、この紀行文の最後にはエジプト百句を発表するつもりなので、何とか形にしなければと思っている。はたしてどうなることやら——。

エジプトも以前から行ってみたい国としていつも意識の上にあったところである。ロシアが山火事さわぎやテロの後遺症で、あまり気がすすまない状態になった時、一番先に浮かんだのはエジプトである。

外国に旅行する場合、私はほとんど予習する習慣はない。行きあたりばったりに何でも経験し、何でも見てやろうというのが私のスタイルである。

今回エジプト旅行をチョイスした段階で、『ナイル殺人事件』という映画くらいは観ておこうと思ったのだが、結局どこの店にも映画のDVDは置いてなかった。帰国してはじめてBSで放映されたアガサ・クリスティ原作のこの映画を観たのである。私の乗船したソネスタ・セント・ジョージ号は建造して五年ほどの船であるが広くてなかなか豪華なキャビンで、さすが五つ星クラスという印象である。私にはあまり必要ではなかったが、キャビンのバスにはジャグジーやサウナの設備もついている。『ナイル殺人事件』の船は、外輪船でこれはムードが全く違っている。古きよき時代という感じなのである。

旅行はゆったりした日程で、あまりこせこせしないところがいい。その点今回の旅行は、カイロに二連泊、船に四泊、そしてまたカイロに二連泊ということで何となくのんびりできたのが何よりである。ただ飛行機などの関係からだろうが、モーニングコール二時三十分、ホテルを出るのが四時、飛行機が五時五十分出発という日が一日あった。カイロからルクソール（昔はテーベと称した）に向かう日である。しかし私にはそれもあまり苦にはならなかった。日本を出て数日はほとんど浅い眠りだけで、起きなければならない時間のかなり前から目が覚めていたからである。夜更かしの悪い癖がエジプトでも続いていたのである。

エジプト航空はANAとの共同運行便である。旅の栞で、宗教上の理由により、機内では全くアルコールが供されないということをあらかじめ知っていたので、成田でいつものようにレミー・マルタンのXOを購入した。カイロまでの直行便であるから途中で没収されることはない。たまたまキャンペーンの小さなボトルが付いてきたので、そのボトルを空けて往路は間に合った。何がつらいといって、まったくアルコールなしで食事をとらなければならないことほど味気ないことはない。それではまるで修学旅行の引率の食事ではないか。

先年のモロッコ旅行で最後に二連泊したホテルは、そのオーナーが敬虔なイスラム教徒ということで、ホテルに酒が、一滴も置かれていなかった。モロッコで宿泊したホテルの中でも高いグレードのホテルで、その事以外には何の不満もなかったが、旅行の最後の晩に乾杯もできないなんてずいぶんおかしなホテルだと思ったものである。その時は自分の部屋に帰っていつものように寝酒を飲むしかなかったのだが……。

エジプト航空はホルス神をデザインした精悍なロゴを用いている。ホルス神はオシリスとイシスの子、古代エジプトの主神とされ、ハヤブサの姿をしている。航空機のマークとしてはまことにふさわしいと言えよう。ちなみに、仄聞するところによると日本航空の鶴丸が復活するかも知れないという。外国のターミナルであの鶴丸を見るたびに、ああ日本の飛行機がここにも来ていると、何となくなつかしさを覚えたものである。現在は垂直尾翼に日の丸の一部分が描かれているのだが、そのデザインは沈む日のイメージである。尾翼の下方に空白があるから、心理的に太陽は沈む方向を示されるのである。日本航空が評判をきわめて落としてからずいぶんとたつ。ＪＡＬにペケのマークは本当に最低のデザインである。あのマークにはあたかも日本航空の凋落を象徴するような感がある。はじめてあのマークを見たとき、この会社のトップの審美眼を疑ったものである。早急に改善されるといい。何といっても日航は日本を代表する航空会社であることに変わりはない。

ピラミッド入場

カイロで二連泊したホテル「ル・メリディアン・ピラミッド」はその名の如くギザの三大ピラミッドを望むことができることが売物のホテルである。早朝朝靄の中に浮かび上がるクフ王のピラミッドの威容は流石である。太陽が白い月のように靄から浮かび上がり、やがてピラミッドの稜線のあたりが輝き始めるのである。

そのクフ王のピラミッドを最初に訪れる。バスから降りて歩き始めてもあたりはたちこめる靄で何も見えない、と思っているうちに目前に大きな影絵のような固まりが現われはじめるとベールを脱ぐように大ピラミッドの全容が視界を遮った。まさに大きな荒積みの石の山である。最大のクフ王のピラミッドに続いてカフラー王、メンカウラー王のピラミッドが一直線上に並んでいる。カフラー王の

ピラミッドの夜明け

三大ピラミッドをバックに

それは頂上付近がやや滑らかな石で覆われている。元来ピラミッドは、荒い石の上に磨き上げられた石でコーティングしてあったのだ。そしてその滑らかな石は時代と共に風化したり、または剝がされて個人の住宅の石材等として使われてしまったのだという。

恐らくピラミッドが完成し、王権がゆるぎない時分には、砂漠に美しい光彩を放って佇立していたに相違ない。

ツアーの一行十九人は一日三百名限定というクフ王のピラミッドへ入場する。盗掘のために掘られた穴が、玄室まで通じているのである。狭くてうっかりするとごつごつした岩壁に頭をぶつけるから気を付けるよう注意を受ける。はじめは順調に上って行ったのだが、やがて穴の中で渋滞がはじまる。腰をかがめて、列が進むのをじっと待っているうちにだんだんイヤーな気分に襲われてきた。地震になったらどうなるんだとか、岩が崩れたら大変だとかいうのではない。じわじわと気持を圧迫しはじめたのは、いわゆる閉所恐怖症というアレである。

私がよく見る夢がある。ものすごく狭い穴をするりと通り抜けるとそこにきれいな温泉水を湛えた風呂のようなものがある――といった夢だ。私は何度も同じ夢を見たように認識しているが、これはベルグソンのいわゆる「夢の追想性」ということかも知れない。何度も同じ夢を見ているのではなく、一度見た夢を何度も思い出している、ということである。

いずれにせよ私の夢はどうやら母胎回帰という男性の心理のひとつを示すもののようである。ならばこの狭い穴の中でも大丈夫なはずなのだが、じっとしているうちにどんどん気分が滅入ってくるばかりである。こいつはヤバイことになると思った途端に前の人が動き出してくれた。助かった！

ピラミッドの内部をスパッと切り取ったような空間があり、やがて玄室に通じる。そこには石棺が一つ置かれてあるばかりで、他には何もない。多分本当の玄室は別のところにあるのではないかと思う。また、ピラミッドは王の威厳を示すための記念碑で、墓ではないという考えもあるから、一体どうしてこんな部屋がピラミッドの内部にあるのか私には分らない。一説によるとピラミッドからは一体のミイラも発見されていないという。もしそれが事実であるとすれば、確かにピラミッドそのものは王墓ではないということになる。

王家の谷には実に多数の王墓があり、そこからは数かぎりないミイラが発見されているという事実がある。

クフ王のピラミッド近くに、太陽の船の博物館がある。

一九五四年に発見されたときは何万ものパーツに分散していて、それを組みたてるのに十四年もかかったという。クフ王が死後に天空を旅するための船（太陽の船）であるという。

全長四三メートルの威容をほこる木造船である。このような大きな船でピラミッドの石材はナイルの水運を利用して運ばれたのであろう。

最近の学説で、クフ王のピラミッドは何もない砂上に基礎を作って石を積み上げたのではなく、強固な岩盤そのものを芯にしてその上に石を積み上げていったということが紹介されている。ナイルのすぐ近くであるにもかかわらず、このクフ王のピラミッドのあたりは固い岩盤が存在していたので、一線上に並ぶカフラー王やメンカウラー王のピラミッドがだんだん小さくなっているのは、このクフ王のピラミッドのような自然条件が整っていなかったためとも考えられる。大きな四角錐を建てるためには、よほどしっかりした基盤が必要とされるだろう。

ツアーの一行は三つのピラミッドがきれいに並んで見えるパノラマポイントで、待ち受けていた駱駝に乗って記念写真を撮った。メンバーの一人の写真を写真屋さんが失敗してしまい、私が撮った一枚が救いとなったということがあった。

私は皆にプロのカメラマンかと思われていたので、実はチノヤマ・キチンというアマチュア写真家であると宣言しておいた。

スフィンクスの顎鬚は？

朝に四本昼二本夜三本て何だ？　答えは人間。スフィンクスの問いとして有名である。スフィンクスはギリシア神話の怪物で、女面獅子身であるという。テーベにおいて通行する人に謎をかけ、答えられない者を殺していたが、オイディプスにその謎をとかれて海に身を投じたという。

いま私の前に横たわっているのは男の面で体が獅子の怪獣であり、背後にはカフラー王のピラミッドが峙《そばだ》っている。実に絵になる風景であるが、そのスフィンクスは往時とは大分異相のものになってしまった。アラブの侵入後鼻が欠け、王の権威・象徴のような顎鬚は分断されて持ち去られ、今は大英博物館にある。どさくさ紛れにドイツに持ち去られたというネフェルティティ王妃胸像ともどもエジプトが強く返還を要請している。この顎鬚は強い王を象徴することから、女性で王権を手にした者は付鬚をしたという。スフィンクスも鬚を取り戻せたらうんと威厳が具わるということだろう。

エジプト文明といえばパピルスを抜きにしては語れない。そのパピルス工房を訪ね、さまざまな模様が描かれたパピルスを見学する。一見すぐに破れそうなこの紙は、よく打ち均《なら》したパピルスの繊維を縦と横に並べて製したもので、なかなか丈夫なのである。ちなみにパピルスを日本語に訳すと紙《かみ》蚊帳吊《かやつり》というそうだ。わが家のベランダで冬を越した日本の蚊帳吊草はすっかり枯色になって風に吹かれている。その丈一メートル以上にも生長した蚊帳吊草であったが、今年ははたしてどうなるか楽しみである。

エジプトではどこでも神話やヒエログリフが描かれたパピルスを何十枚も抱えた男が「パピルスだよ、安いよ十枚で千円」といいながら売っている。本物だったら葉書大のものでも千円以上するしろものが、十枚（それもかなりの大きさ）で千円のはずはない。勿論にせものである。このいかにもパピルスという品は何とバナナの繊維で作るのだそうだ。一見本物そっくりの素材感はあるし、絵も印刷に違いないが、実にきれいで私の目から見たら本物とにせものの区別はつきにくい。しかし、歳月がすぎると変色してしまうし、すぐに破れてしまうそうだ。私は日本への土産に本物も勿論買ったが、街のしつこいパピルス売りからバナナのパピルスも買わされた。でももっと買っておけばよかったと今では思っている。

ヒエログリフ

ロゼッタストーンの解読によってはじめてその内容が解明されたヒエログリフ（聖刻文字）は実に美しいのである。

今度のエジプト旅行の添乗員は中川洋子《ひろこ》さんという女性であった。エジプト滞在中は横石修さんという日本人男性がずっと我々一行についてくれた。はじめはカメラマンとしてエジプトを訪れたのであるが、だんだん考古学に興味をもつようになり、ついにはエジプトに住みついてしまったのだとい

カルナック神殿

う。大変研究熱心で、日本のエジプト学の学者ともずいぶん行動を共にしているようであった。もと首相の細川さんに似たハンサムな青年である。

クフ王のピラミッドを望むホテルに連泊したあと、私達は空路ルクソールに向かう。この日のモーニングコールは何と二時三十分。カイロ発が五時五十五分。ルクソールに着いたのが七時という超強行軍であったが、私はノープロブレム。何しろほとんど眠らない三日間であり、モーニングコールなしでもよいほどだった（どうもこのごろそういう悪い癖がついてしまったようで、今でも二時すぎないと本格的に眠くならないでいる）。

カルナック神殿はエジプト最大規模の遺跡とされる。羊の頭を持ったスフィンクスがずらりと並んだ参道を経て、二つの塔門を通り抜けると我々は大列柱群に圧倒される。この柱の上から石が落ちてくるのが『ナイル殺人事件』の一とコマである。

ラムセス二世という王はどれくらいの権力を持っていた王なのだろう、私は詳しく知らないのだが、とにかくどこに行ってもラムセス二世の名が彫られた巨像が立っている。このカルナック神殿でも例外ではない。王達は自らの名をヒエログリフであらゆる場所に彫らせているが、ラムセス二世のそれはほとんどかなりの深彫りである。後の権力者によってその名が削られないようにとの配慮であるらしい。アブシンベル神殿と小神殿のところで彼についてはまた触れることにしよう。

カルナック神殿のスフィンクスは羊の頭をしていて、その胸のあたりに小さな王の彫刻を抱いている。羊は、カルナック神殿の主神アムン神の神獣である。

カルナック神殿を見学の後、これから四日間を過ごすホテルとなるソネスタ・セント・ジョージ号に乗船する。五つ星クラスの船ということで期待していたのだが、前評判通りのすばらしい船だった。以前最終クルーズということで、クイーン・エリザベス二世号に乗船して短い航海を楽しんだことがあったが、有名な海の女王も四十歳という年齢には勝てず、かなり老朽化していたという印象があるが、このセント・ジョージ号は建造後五年ということもあり、すばらしい快適空間を私に提供してくれた。ゆっくりと四連泊できるのもうれしい。

船の造りそのものは一定の規格があるらしく、ナイル河をクルージングする船が皆似たような外観を見せている。

であるからたとえばルクソールならルクソールの碇泊地にたくさんの船が集まってくる時刻には、それらの船は縦ならびに何隻かが連なり、横ならびにまた舷を接して何隻かがならぶという様相なのである。一番岸に近い船からの乗下船は問題ないが、端っこの船からの乗下船は他の船を横切ることになる。そのために通路となるスペースはどの船も同じ部位に造られているのである。

夕刻、ライトアップされたルクソール神殿を見学する。

カルナック神殿とはスフィンクスの立ち並ぶ参道によって結ばれている。第一塔門の前にはラムセス二世の石像があり、これもライトアップされている。大きなオベリスクが目につくが、かつては二本あった。現在フランスのコンコルド広場に建っているのがその片割れである。色々事情はあるのだろうが、こういうことは日常茶飯事といってもよい。ことエジプトの文化財に限っても数々の美術が国外に流出している。大英博物館やルーブル美術館などはそういう流出品の宝庫であるといえる。しかし、そのために現在まで残っている文化遺産があることもわすれてはならない事実なのである。痛しかゆしというところだろう。

ナイル川の西岸に渡り、一対のメムノンの巨像を見る。アメンホテプ三世の像という。現在でこそ何にもない平地に二つの像がつっ立っている奇妙な景色であるが、本来その像の背後には関連した様々な施設が建っていたはずである。後世の王達が破壊して石材を自分勝手に使ってしまったのである。野ざらしの巨像の見学料はもちろんタダ。

王家の谷の泣き女

王家の谷のツタンカーメンの墓を見学する前に、貴族の墓と称される中のラモーゼの墓を見る。美しいレリーフに目を奪われてしまった。この墓には泣き女が描かれていることで知られているが、私は貴族の女性達の浮彫の素晴らしさに感動した。墓は未完成のまま放棄されたようで、レリーフはわずか目の部分だけくっきりと色をのせてあるだけ。しかし、そのことがかえってレリーフそのものの美しさを際立たせる結果となったようである。女達の鬘の細かな表現がこころにくいばかりである。その唇は様式美ではあるが生き生きとした美しさを感じさせる。

ここのレリーフだけの写真集があればと思って後に訪れた博物館などで探したが、まとまった写真集などはないようである。墓の内部は写真撮影禁止なのであるが、シャッターを切りたい欲望を抑えるのがやっとである。何枚も被写体としたいレリーフがあり、時間さえ許せば何時間でも見ていたい、それほど美しい浮彫なのである。

ツタンカーメン王の墓は他の王墓に比べて入場料が二倍から四倍もするせいもあって空いていた。ちなみに入場料は一人百エジプトポンド（約千五百円）である。

二十世紀最大の発見として話題になった墓の主ツタンカーメンは十九歳の若さで死んだ。また種々の事情から、あまり大きくない規模の墓であったことが盗掘の被害にあわなかった原因ともされるから、何が幸いするか分らないものである。

黄金のマスクをはじめ二十二金の人型棺などは現在カイロ・エジプト博物館に陳列されているが、木製金張りの一番外側の人型棺は、石棺に納められた状態で、玄室に置かれている。また王のミイラは柩から取り出されて墓の内部にそのまま安置されている。以前ポンペイで火砕流で焼けて炭化した人間を見たことがあるが、薄暗い灯にぼんやりと見える王のミイラもそんな感じがした。そのうちにこのミイラもカイロ博物館に移されるのだろう。

ツタンカーメンの墓の発掘で世界にその名を知られたハワード・カーターの住居を見学した後、船に戻る。

船内でヒエログリフ講座があり、自分の名前を古代文字で書くために勉強するのだが、私の名を記すためにはやたらに鳥の形の文字を使わなければならないのでとても面倒臭い。結局、配られたパピルスに我が名を書くまでには到らず、そのまま持ち帰る。ヒエログリフはまた後で勉強しようなどと考えるようではダメな話で、またいつもの中途半端に終りそう――。

船はエスナの水門を通過してエドフに向かう。

馬車に分乗してホルス神殿見学に。ものすごい混雑で馭者たちは大声でわめき合う。こういうところは日本人にはない習性である。内心いらいらしても少なくとも表面だけは取りつくろうのが日本人である。

ホルス神は古代エジプトの主神。冥界の神であり再生復活の神オシリスとイシスの子で、ハヤブサの姿をしている。エジプト航空のシンボルである。

ホルス神殿の外壁に、ホルス神がセト神（河馬をその姿として描かれる）によってコマ切れにされてナイル川に投げ捨てられたのを悲しんだ母神イシス（死者の保護者）がその肉片のすべてを回収し縫合して復活させたという神話が描かれている。ホルス神にとって敵対者であったセト神は、小さな河馬として描かれているが、そういう神話の内容は抜きにしてこの壁のレリーフを眺めると、紐につながれた河馬が何とも可愛く思われる。ホルス神を殺した張本人がセト神であるから、ホルス神殿にこのように彫刻されるのは仕方のない話であるが、セト神を中心とする神話の中では、この関係はどうなっているのであろう、興味深いことである。河馬が大好きな坪内稔典さんが、この可愛そうな河馬のあつかいを見たらどう思うだろう、などと余計なことを考えたりしたものである。

大雷雨と雹の襲来

私達がカイロを出発する時、添乗員さんが、カイロではこの時期雨が降ることが時々あるが、ルクソールやアスワンではまず雨の心配はないでしょうと、傘はまず必要ないというアドバイスをしてくれていた。

ところが、エドフを出航してコム・オンボに向かう途中、みるみるうちに黒雲が空を一面に覆いつくし雷鳴がとどろくやいなや、ものすごい勢いで雨が降ってきた。ナイル河に無数の矢が激しく突き

ホルス神殿

刺さるようなそんな感じの豪雨である。自分のキャビンからその光景を眺めていたのであるが、やがて雨音とは違う音が混じりはじめると、一センチほどの白い氷の粒が船窓を打ち始めた。雹である。日本でもあまり見たことのない雹の襲来である。今日は十二月二十九日、歳時記では夏の気象現象である雹を、まさか十二月のエジプトで目のあたりにするとは思いもしなかった。スルーガイドの横石さんが、最近はエジプトでも異常気象が続いていると説明していたが、この雹もまたその一つなのではないかと思う。平年だったらルクソールあたりの平均の最高気温は二十度を切るはずが、王家の谷あたりでは四十度に及ぶほどであったし、とにかく、世界中いたるところで異常気象〳〵と連呼されている。これは皆人間という生物がひき起こしたもので、神のせいでもなければ自然のなりゆきでもない。人間は反省する動物ということになっているが、どうもそれは怪しいものだ。

夕食前にコム・オンボ神殿を見学。ライトアップされた美しい神殿を観光するはずであったのが、昼の雹さわぎで肝心のライトアップの設備がダウンしてしまったらしく、懐中電灯だよりの散歩となってしまった。コム・オンボとはアラビア語でオリンポスの丘という意味で、何となくギリシアのアクロポリスのようなイメージがある。当時の医療道具を描いたレリーフなどが知られている。この神殿は他の神殿とは少し様子が異なり、二重構造が特色である。それは祭神がホルス神とワニの神であるソベク神の二柱であることが理由であるという。

水たまりに足をとられたりしながら暗いコム・オンボ神殿を見学し、ふり返ると神殿の上にくっきりとオリオン座をはじめとする星々が輝いている。やはり空気はとても澄んでいるのである。

食事の後ガラベーヤパーティーなるものが行われる。船客のそれぞれがファラオやエジプトの女王などの扮装をして集まる。我々のツアーの何人かはたいそう凝った服装で登場して、なかなか人目を引いていた。私もずいぶんすすめられたが、このパーティーの意味がいまいち分らず、セミフォーマルで参加、もっぱら彼らのパフォーマンスをカメラにおさめることに集中した。

同行のドクターからとても親切にされてうれしかったので、今回は参加者の写真係になって皆の写真を撮ることにしたのである。勿論船内にもプロのカメラマンがいて旅行者のスナップを撮って売っていたのだが、私のカメラが彼のよりも上等だったせいか、それともライバルと思われたのか、私自身のスナップは一枚もなかった。

ナイルの行商

ナイル川を航行していて夢にも思わなかった雹に遭遇したことを書いたが、もう一つびっくりしたことがある。

最上階のデッキでティータイムを楽しんでいた時である。

船客がデッキから下を見下ろして何だか大きな声を出している。見ると何艘かの小舟がソネスタ・セント・ジョージ号と併走している。いや、よく見ると彼らは船体のどこかにロープを捲きつけて、曳航されている感じなのである。よく子供が自転車にのったままトラックに片手でしがみついて走る遊び——あれと同じである。ボートには髭面の男達が二人ずつ乗っている。何のために彼らはそんなことをするのか。

何と彼らは我々の乗船している船の客相手に商売をしているのだ。しかし、デッキの我々とは十メートル以上も距離がある。一体どうするのだろうと見ていると、彼らはエジプトの民俗衣装やら壁掛

ボートの行商

ナイルの漁師

けのようなものを、ビニール袋にくるんで、しっかりと丸めてデッキに向かって放り上げる。それがほとんど美事なまでにデッキに投げ上げられるからすごい。

ボートからは大声で、たぶんそいつは最高の品質で、しかも安いから買え買え、とでも言っているのだろう。船客の一人が承知しているらしく、ビニールの包みを解くと、紙切れに値段が書いてある。品定めしてOKなら金をそのビニール袋に入れて投げ返せばいいのである。

だが、しかし本船の乗客との商談は一件も成立しなかった模様である。私もおもしろいので彼らの商品を手に取ってみたが、わざわざこんなボートから買うこともないようなしろものである。投げ返す返品グッズは大概ねらいを外してナイル川に落ちてしまう。それを回収する彼らのオール捌きはたいしたものである。そして商談の不成立にめげることもなく次々に商品の包みを放り上げてくるのである。

タイなどの水上マーケットを見学したことはあるが、このナイル川上の商売には驚きかつあきれた。結局何一つ商談が成立しないままに彼らは船を離れていってしまった。しかし、その表情はそんなにがっかりしたようでもなく、長いこと我慢を強いられて、それに慣れっこになってしまっている国民性のようなものを感じたことである。

アスワンハイダム

アスワンに船を碇泊させ、バスでアスワンハイダムに向かう。

前述した通り、たまたまムバラク大統領が同地を訪問していたため、我々のバスは少なからず規制を受ける。独裁政治というものはこういうことなのであろう。

ドイツとソ連の援助を受けて完成したアスワンハイダムはエジプトが世界に誇る巨大建築物である。このダムができ上がるまでには様々な政治的な目論見が交錯したらしい。このダムがたたえる人造湖ナセル湖は琵琶湖の七倍以上だという。どぎもを抜かれる大規模なダムなのであるが、現在、ほんとうにエジプト国民の役に立っているかどうかは疑わしい。

その後エジプトは石油の生産が開始されたため、ほとんどの水力発電用のタービンは休止しているという。たしかに水害からナイル川沿いの民を守り、計画的な農業とその生産性の向上を計ったものであるが、エジプトはやはりナイルの恵みの国である。そのナイルの恵みとは周期的にやって来た洪水がもたらす豊かな土壌にほかならない。この洪水による被害を最小限にすることを考えた方が得策であったことは間違いないように思う。しかし時の大統領ナセルは自らの政治生命をかけてこの巨大構築物を世に遺した。そのために危うく水没の憂き目にあいそうになったのがアブシンベル神殿であり、イシス神殿である。

ボートに乗ってフィエラ島のイシス神殿に向かう。イシス神を母にオシリス神を父に生まれたのがハヤブサの頭部を持つホルス神である。

美しいイシス神殿はアブシンベルの神殿同様ユネスコの資金で少し高い位置にある場所に移築され水没の憂き目をのがれた。

古代の石切場の跡で、「切りかけのオベリスク」なるものを見学する。長さ四二メートル、千トン以上と推定される石である。切り込みをつけた石に木製のくさびを打ち込み、水で膨張させて石を割るという技術があったのだが、この石は工事の途中で本体にひびが入ったため、そのまま放置されてしまったのである。有名なルクソール神殿のオベリスクより大きく、もし完成したら世界最大のオベリスクになるはずであった。

十二月三十一日、ソネスタ・セント・ジョージ号に別れを告げ、アスワン空港からアブシンベル空港に向かう。

大神殿の威容をまのあたりにする。はかり知れないほどの金を使って移築された神殿である。もし、この世界的文化遺産を絶対に後世に伝えなければならないという人類の共通理解がなかったら、この巨大な遺構はとっくに水没していたはずである。これはさきに述べたイシス神殿も同じである。岩をいくつものブロックに切り分けて、もとのように造りなおすことには厖大な資金がかかったことは言うまでもあるまい。しかし、そのような犠牲を払ってまで実現したアスワンハイダムが当初の目的としての機能をはたしてはいない。洪水がないかわり、エジプトの土はますます農業には適さなくなっている、というのは皮肉以外の何ものでもない。今後万一（想定外という言葉が近頃流行しているようだ）あのダムが何らかの事由で決壊したならばエジプトは滅亡するだろう。

ラムセス二世の顕示欲

さきにラムセス二世について触れたが、エジプト歴代のファラオの中でこの王ほど自己顕示欲の強い王はいない。彼の治世に多くの石像が作られ、また処々の神殿に彫られた（それもかなりの深彫りである）彼の名は他の王に比べて圧倒的に多いのだ。私は今までアブシンベルの大神殿の四体の彫像は王とその一族のそれとばかり思っていた。現在四体のうちの一体は上半身が崩れてしまっている。

それは現在地に移動する以前のことで、今我々が目にするのは、崩れたままを再現しているのである。移設する際になまはんか修復などしなかったのはすばらしいことではある。もっともそれはユネスコの努力のたまものであるからして当然のことかも知れないが――。とにかくこの大きな石像がすべてラムセス二世なのである。私には判断できないが、それぞれ若い時から壮年に至るまでの王を彫ってあり、四体ともすべてラムセス二世なのである。カルナック神殿やルクソール神殿など多数のラムセス二世像やその名を彫ったヒエログリフに思いを致すにつけ、王の強大な権力を思わざるを得ない。

大神殿に続いて、ラムセス二世が王妃ネフェルタリのために建造した小神殿がある。王妃のためとは言いながら、この神殿の入口にも四体のラムセス二世の立像が立ち、王妃のそれは二体、どこまでも目立つのがラムセス二世というわけである。小神殿とはいえこの神殿もまた大変な建造物であることは言うまでもない。

アスワン経由でカイロ空港に向かう。ホテルはコンラッドカイロ。ニューイヤー・イヴということで様々なグッズが配られる。このごろの日本は盆も正月もなくメリハリを感じられなくなってしまった。せいぜい初詣ぐらいが正月らしい風景ということができるだろう。昨年のモロッコもそうであったが、エジプトでもニューイヤー・イヴは大騒ぎをする。しかしハッピーニューイヤーの挨拶を交わしたとたん普通の生活に戻るという感じなのである。

と言うわけでイスラムの国は正月の一日もまた何の変わったこともない一日である。しかし日本人の私には俳句があり、初日という季語がある。この旅のはじめの方のスケジュールでギザのピラミッドを見学したのであるが、今日は一寸風変わりなピラミッドを訪ねた。屈折ピラミッドと呼ばれているスネフェル王の建立したピラミッドがそれである。このピラミッドは下部の傾斜が五二度であるのに対して上部は四三度あまりという変形サイズである。ピラミッドを建立する途中に、あまりに角度が急なので石がズレて崩れてしまったから中ほどから傾斜を緩くしたもののようである。そのピラミッドの背後から初日がさす折にスナップを一枚撮ってもらった。私に後光がさしたように見えるのがミソである。赤のピラミッドと呼ばれるのは、いわゆるピラミッド型のものとしては最古だという、素材の石の関係で赤く見える。このピラミッドの傾斜も四三度ほどである。ものの本によればこの角度は、ぱらぱらと砂をこぼしてできる砂山の角度であるという。だから安定しているというのである。案外それは真実かも知れない。

遠望するピラミッドが太陽の関係で仄かに曇ったり白く照り映えたりまるで光のショーを見ているようである。

絨緞といえばイランやトルコなどが知られているが、エジプトでも近来国の政策として絨緞工房を何ヶ所も作って対外貿易の振興をはかっている。私達が立ち寄った工房はかなり大きく、スタッフもそれぞれ前向きの姿勢を感じさせる。ツアーの何人もがけっこう値のはるカーペットを購入していたが、やはり古代エジプト文化に因んだ模様が特色であるようだ。デモンストレーションの少女らの仕事ぶりが初々しい。

その後バスをサッカラに進めてゆく。エジプト人はあまり酒はたしなまないけれど、この地にはサッカラビールというブランドが知られる。ギザの南一〇キロメートルに位置するサッカラには六重の階段ピラミッドがある。エジプトのピラミッドの歴史はジェセル王のこの階段ピラミッドから始まると言われている。いわゆる正三角形の斜面を持つピラミッドを見なれた目にはかなり個性的に見えるが、なるほどこれが最初の形なのかと納得する。

エジプト考古学博物館

成田を発ってからもう八日が過ぎた。いつでもそうなのだが、旅も半分をすぎるとあっという間に終点になる。

この旅の最後日程はエジプト考古学博物館の見学である。博物館内は撮影禁止であるから、ずっと肩に掛けてきたカメラはバスに置いたままにする。

さきごろの騒乱で多くの施設が破壊されたが、博物館はどうなったろう、と誰しも気になるところである。案の定何人かのアラブ人が館内に押し入り、ガラスのケースなどを破ったりしたらしい。何せアリババの国である。あわよくばツタンカーメンの黄金のマスクをどさくさに紛れて盗み出してやろう、などと思う輩はいくらもいるはずである。

しかし、いくら世情が不安定で何があってもおかしくはない世の中でも、国の宝物をみすみす盗賊に渡すわけにはゆくまい。すぐに軍隊が派遣されて厳重に警備されたのは言うまでもない。ずっとゆっくりと見学したらそれこそ何日もかかるような展示物の数量である。ずっと私達を案内してくれた現地ガイドの横石さんが要領よくポイントを絞って案内してくれた。

私の目に印象深く映った展示物をざっと数え上げてみよう。

ラーホテプとネフェルトの座像。クフ王座像。ハトシェプスト女王のスフィンクス。ツタンカーメン王に関わる財宝。

ツタンカーメンの黄金のマスクは日本にもやってきたことがある。いわゆるツタンカーメン展であるが、その時の人出はたいしたものであったと聞く。カイロの博物館でも何といってもその黄金のマスクが人目を集めていた。それと十九歳の王のミイラを納めていた黄金の人型棺が目を奪う。何しろ二十二金でその重量は一一〇キロを超えるのである。この人型棺だけは今後ともエジプト以外の地では見られないだろうと言われている。ツタンカーメン王は十九歳で亡くなったことから、暗殺説、毒殺説などにぎやかであったが、近来の研究ではそういう事実はなかったようである。二十世紀最大の発見といわれるほどの埋蔵品の山を発見発掘したのはイギリス人の考古学者ハワード・カーターであるが、その時の喜びはいかばかりであったろう。

ミイラ室の公開は最近になって行われた。ミイラの保存法など科学的解決がはかられたためである。多くのミイラの中で最も注目したのは、例のラムセス二世のミイラである。彼は八十歳ぐらいまで生きたようであるが、あの大神殿や他の神殿におかれた巨大な彫像とは似ても似つかぬ姿で横たわっている。現代医学から見たラムセス二世は、動脈硬化などいくつもの病気の症状がみられるという。多分その晩年はずいぶん苦しみ抜いて死んだのだろう。まれにみる権勢をふるった王とは想像もできないそのミイラに感慨を禁じ得ない。あの世での再生を願ってミイラになったはずであるが、こんな姿で何千年も後の時代の人間に見られるなんて誰が想像できただろう。

もっとゆっくりと見学したい気持は山々であるが時間が限られている。そこでツタンカーメン王の遺物を中心とする博物館の秘宝を網羅した書籍を購入することにしたのだが、何故かカードが使用不能になってしまっている。泣く泣く参考図書を買うのはあきらめて帰国したのだが、かえってその方がよかった。何故なら、その後八重洲ブックセンターできわめて美しいエジプト美術の本を手にすることができたからである。

ずしりと重い本を持ち帰って一ページ一ページゆっくりと目を通してゆく喜びを味わうことができたのである。

私がどうしても写真を撮りたいと思ったラモーゼの墓の浮彫もたった一枚ではあるが収録されている。何よりも日本での出版なので日本語で説明してあることが嬉しい。そうでなかったら絵を眺めるためだけに終ってしまうに違いない。

私が帰国して十日もたたないうちに革命がおき、大統領が追放された。

そして民主化の嵐はエジプトの隣国のリビアにも飛火した。今後どうなるか予測もつかぬ泥沼状態が続いている。結局貧乏でも食べ物に不自由せず平和な日常が送れるのが一番幸せというべきなのではないかと思う。

*

エジプト紀行抄

ヤマトクニハラ送電線も枯芦も
日本といふ箱庭に布団干す
ターンテーブルからずり落ちて聖夜の荷

ランディング聖夜黒衣の聖母子と

白銀のスーツケースが聖夜の荷

聖夜の華燭割けんばかりの楽鳴らし

隆誕祭の灯もなき国にランディング

降下してアレキサンドリアの冬灯

異教徒の聖母子にして黒づくめ

寒月研ぎ出せりピラミッドの荒砥

玄室まで冬の心拍のぼりづめ

鰓呼吸してゐる冬の玄室に

冬の汗クフの迷路を這ひ出でて

冬の蝿にせパピルスを買へ〳〵と

天にオリオン地に三代のピラミッド

モスク出て冬の蝿まだついて来る

冬の蝿便器が顔のあたりにある

石像の妹背魂魄冷え切つて

五千年の冷え石棺も星辰も
レリーフの王位簒奪して寒し
方船をナイルに浮かべ冬の靄
極月の王家の谷のつばくらめ
冬燕王家の谷に一樹なき
一列にヒエログリフの鴨すすむ
鳴神のばさら〱に冬の雹
冬耕やナイルの恵みなき民の
河馬の王嘆くなるべし冬の虹
コムオンボオリオンは綺羅つくしたる
神の丘オリオンに手が届くなり
冬のナイルイシスの乳をもて濁す
スーツケースにサハラの砂と冬の汗
カエサルの道をわが踏む冬裂日
カエサルにガリヤ戦記やわれに冬日

冬の日が磨く切りかけのオベリスク
星満載年の港の繋り船
サハラの砂よりも乾いて冬の旅
冬の候鳥アブ・シンベルを眼下にす
冬の湖まぶしむ旅の遠まなざし
冬耕や三千年の地の疲れ
冬菜畑ナイルの恵みあるかぎり
ピラミッド染めて初東雲なりし
去年今年ナイルいつぽん道を展べ
遠近にピラミッドある初景色
初夢やナイルの水のうへに寝て
初日まみれにピラミッドてふ四角錐
スフィンクスあらず乳首黒ずめる犬
アラビアンナイトに紛れ去年今年
レリーフのファラオに初日及びけり

照り翳りしてピラミッド初景色
駱駝づかひとお巡りさんに御慶かな
石魂冷ゆるなり切り掛けのオベリスク
冬の黙深し未完のオベリスク
ツタンカーメン王の白息みぢかけれ
冬灯まぶしむ五千年の闇暴かれて
アリババの国や砂冷えミイラ冷え
ミイラ室出でたる咳をこぼしけり
天球儀寒し虚実の美しく
ピラミッドの一稜ゆるび初日の出
恵方道知らずサハラのあるばかり
ピラミッドの頂割つて初日かな
買初のパピルスの絵の哭き女
石像の妹背を見上げ風邪心地
ミイラ室出でし背なより風邪心地

冬月にクレオパトラの頰の翳り

ミイラ盗りし子孫の家も初明り

東京

朝な朝な富士は冠雪のピラミッド

真冬からそのまま夏へ【南米】

阪急交通社の「南米世界遺産紀行十二日間」というツアーに参加した。出発日は二〇一一年十二月二十六日、二〇一二年一月六日帰着。

このツアーを選んだ理由は二つある。その一つは、南半球にこれまで旅行したことのないこと。まして南米は日本のちょうど裏側になる、きわめて遠いところで、今年あたり行っておかないと体力的にむつかしくなるのではないかという気持がある。

第二に、このツアーの目玉として、羽田発でサンフランシスコ往復がビジネスクラスであること。事実もしこの区間エコノミークラスであったら、かなり疲労困憊して帰国後十日間ぐらいは仕事にも何もならなかったのではないかと思われたほどである。

ツアーの大体の日程は以下の通りである。

十二月二十六日　羽田発空路サンフランシスコへ（日付変更線通過）。着後ホテルへ。

十二月二十七日　サンフランシスコ発空路リマへ。乗り継いでブエノスアイレスへ。

十二月二十八日　ブエノスアイレス市内観光（コロン劇場、レコータ墓地、メトロポリターナ大聖堂、ボカ地区）観光後、国内線で空路イグアスへ。イグアス泊。

十二月二十九日　世界遺産イグアス国立公園（イグアスの滝）観光（ブラジル側からイグアスの滝見学）。オプショナルでイグアスの滝ボートツアー、その後やはりオプショナルでヘリコプターで滝の全容を観光。

十二月三十日　アルゼンチン側からイグアスの滝見学。トロッコ列車終点から徒歩。「悪魔ののど笛」を見る。空路リマへ。

十二月三十一日　パンアメリカンハイウェイをバスでビスコへ。世界遺産ナスカとフマナ平原の地上絵遊覧飛行。バスでリマへ。

一月一日　リマ発空路クスコへ。バスにてオリャンタイタンボ駅へ。ペルーレイルにてマチュピチュ駅へ。

一月二日　バスでマチュピチュ遺跡へ。

一月三日　ペルーレイルにてオリャンタイタンボへ。着後バスでクスコへ。市街観光（サント・ドミンゴ教会、アルマス広場など）。

一月四日　クスコ発空路リマへ。世界遺産リマ歴史地区観光（アルマス広場、カテドラル、サン・フランシスコ教会）。

一月五日　リマ発空路サンフランシスコへ。着後市内観光（ゴールデンゲートブリッジ、ユニオンスクエア、フィッシャーマンズワーフなど散策）。空路帰途に。

一月六日　日本時間二十二時過ぎ羽田着。

やはりビジネスクラス

広大な南米大陸のわずか三ヶ所ほどを廻っただけなのであるが、その移動距離は今まで経験したことのないほど大変なものであった。しかし旅行中は大した疲れは感じなかった。クスコなどでの高山病もごく軽度の胸苦しさを覚えた程度ですんだのは幸運だった。

はじめにも書いたが、私がこのツアーに参加を申し込んだ理由は、普通のこの程度の旅行で利用するホテルや食事内容で、しかもビジネスクラスのフライトを体験できるという企画に引かれたのであるが、南米までの長旅を考えると、このコンセプトは実に納得の行くものであったと言うことができる。

サンフランシスコから先の往復に関してもビジネスクラスが設定されていたのだが、それは帰途のシスコから羽田までのゆとりがあれば何とかクリアできるというものである。事実、リマやブエノスアイレス間の国内線ではそういったゆとりの必要性はあまり感じなかった。

今度の旅も一番の大目的は「南米紀行百句」にあったわけであるが、この点に関してはやはりかなりの難しさを覚えた。

何しろ日本やサンフランシスコは真冬なのに、一気に真夏のリマやブエノスアイレスに飛ぶのである。南半球と北半球の違いを最も端的に表わしているのがクリスマスツリーである。日本を含めて北半球のツリーには雪が付きものである。サンタクロースはトナカイの曳くソリに乗って来なければならない。

ところが南半球の聖樹は雪をかぶったものをほとんど見掛けることがなかった。

私が日本を出発したのは十二月二十六日で、クリスマスの翌日である。したがっていわゆるクリスマスは過ぎてしまっているのだが、どこのキリスト教国でも一月六日までは聖樹をそのまま立ててあるし、キリスト誕生の場面をかたどったミニチュアの馬小屋はそのまま飾られている。私の百句は、実際はクリスマス以降の見聞なのだけれど、作品上、クリスマス最中にキリスト教の寺院を訪ねたものとして作句した。これも芭蕉の奥の細道の教えるところに従ったというわけである。

ブエノスアイレスでは市内を観光したきり。ボカ地区のどこかでタンゴのリズムに浸りたかったのであるが、日程上それはかなわなかった。歌の題になっているカミニートとは路地のこと。このカミニートに軒を連ねている建物はきれいなピンク、ブルー、オレンジ、イエローなど様々に塗り分けられている。住民が、船の塗料の余りで壁や家などを塗ったのがその由来という。塗料はもともと一軒分あるわけではないから、様々な色を用いたカラフルな家並みが誕生したというわけである。マラドーナは世界中に知られた英雄で、カミニートの二階のバルコニーを見上げると、彼の人形が観光客を見下ろして愛敬をふりまいている。タンゴのダンサーの黒服をまとった背の高いハンサムな青年がエイヤッとばかり観光客の女性を太股の上にのせて（タンゴのポーズ）記念写真を撮らせる。これが結構繁盛しているのである。

レコレータ墓地は貴族の墓ということで、かなりの規模の墓がびっしりと並んでいる。なかでも悲しみを湛えた美しい女性のレリーフが目にとまった。いくつかの墓は手入れする人が絶えてしまったのか、荒れるにまかすといった風情のものもある。しかし、外国に来て、とくに有名人の墓でもない墓地を見学するのも何か奇妙な気がする。

レコレータ墓地のレリーフ

アルゼンチンとウルグアイとの間を流れるラプラタ川はかなりの大河である。それを道路に沿ってはじめて垣間見たとき、しばらくは土色の高い塀が連続しているのかと錯覚したほどである。機上から見下ろしたときも川というより土色の海という印象を受けた。

悪魔ののど笛

今回の旅の目的は南米の世界遺産を巡るということで、イグアスの滝は、その目玉の一つであった。しかし、私は正直言ってあまり食指を動かされた観光地というのではなかった。

宿泊したホテル、ダスカタラスはブラジル側からイグアスの滝を眺める絶好の位置にある。三分歩けばまさにイグアスの大パノラマが眼前に開けるのである。先にも述べたが、今回宿泊したホテルはほとんどがスタンダードクラスであるが、このダスカタラスだけはデラックスクラスとなる。実はスタンダードクラスに部屋が取れず、ここだけは格が二つぐらい上のホテルになったのだという。我々にとっては幸いなことであった。

ホテルを出発して遊歩道を三時間ほど歩いてイグアスの滝の千変万化を楽しむ。はじめはほとんど何も期待するところはなかったのであるが、次々に目に飛び込んでくる滝のスケールの大きさにだんだん圧倒されてくる。なるほど世界一の水量をほこる滝というだけのことはある、などという感想は次第に感嘆の声に変わってゆく。流石にイグアスの滝である。世界一というのはウソもイツワリもない世界一なのだとすっかり信じるようになってしまった。

翌日はアルゼンチン側から滝を見学する。森林浴を楽しみながら走るトロッコ列車にのって終点に行き、そこから徒歩で「悪魔ののど笛」という名称の滝をじっくりと見学する。

四方から押し寄せた厖大な水量の流れがブラックホールのような奈落に吸い込まれてゆくありさまは、まさに悪魔ののど笛としか言いようはあるまい。群馬県の老神《おいがみ》温泉の吹割《ふきわれ》の滝の何万倍かの水量が轟々と音をたてる。

このツアーでは比較的穏かなブラジル側からの眺めを先に見て、その後でこの悪魔ののど笛を訪ねるという順序であるが、それは当を得た設定であると思う。はじめからこのような激しい滝を見てしまったら、後は何となく気が抜けてしまうようなことになるだろうから――。

オプショナルでイグアスの滝ボートツアーに参加。

ジャングルを縫うように走る車から、ジープに乗り変えてボート乗場に。救命具を身につけて、大きなゴムボートに乗り込む。びしょ濡れになるというので日本からカッパの類いを持参したけれど何となくめんど臭くて、私はジーンズと上っぱりのまま、その上に救命胴衣というスタイルである。

ボートをわざと大きく傾けたり急カーブを切ったりして進む。客にキャーキャーと大声を上げさせるのがサービスと心得ているから、まるで雨つばめのように滝の飛沫の中に突入したり、我々を放り出さんばかりに蛇行を繰り返す。その結果ボートから上がる時分には、ジーンズも上っぱりも濡れ鼠でショルダーバッグも水びたし、二、三日乾かず仕舞であった。

このボートツアーで大きな発見が一つ。数限りない滝の一つをボートが通り過ぎた時、滝壺のあたりから無数の蝶が舞い上がった。はじめ何だろうと思ったのだがそれは紛れもなく蝶の乱舞であった。以前TVで滝壺のあたりの岩肌にたくさんの蝶がたかっているのを見たことがある。蝶は岩の表面に付着しているミネラル分に惹かれてやって来るらしい。今回のボートツアーで私が垣間見た蝶々の乱

滝にかかる虹

舞もまたそういう状況の蝶の集まりに相違ない。

イグアスの大瀑布のその一角にこのような景が展開するのを見るのはきわめて興味深いことであった。

蝶と言えば、滝の表面にかなり執念く関わっている蝶を見かけた。まるで滝の流れに止まらんばかりに近付いて飛んでいる蝶の意図がどうしても理解できない。何か理由がなければ、そんな危険を冒すはずはないだろうから、その答えはあるはずである。

つい最近NHK・BSでイグアスの滝に棲む雨つばめの生態を放送していた。滝のまっ只中に突き刺さるように飛び込む雨つばめを私も目にした。私の肉眼で見ると、まさに激しい滝に挑む如くに突進するようにしか見えないのだが、スローモーションカメラで見ると、確かに滝のカーテンの最も薄い所を狙って滝の裏側に入り込んでいる。彼らにとっては、こんな場所が最も安全な住居となるのだろう。習性とは言いながら、ずいぶんおもしろいことだと思う。

あまり期待していなかったイグアスの滝であったが、そのスケールの大きさはもとよりけっこうおもしろい発見もあり、私なりに楽しめた世界遺産となった。

もう一つのオプショナル・ツアーでヘリコプターから観たイグアスの滝も印象深かったことを書きそえておきたい。

ナスカの地上絵

次の見学地は世界遺産「ナスカの地上絵」である。

イグアスから空路リマに飛び真夜中に到着。ほとんど睡眠もとれぬ状態でホテルを出発し、バスでパンアメリカンハイウェイを突っ走る。約二五〇キロ、三時間半でビスコに着く。

この地からセスナに搭乗してナスカの地上絵を見学するのである。この旅行に出発する前に、旅なれた「知音」同人の下島瑠璃さんから、「絶対にボロっちい飛行機には乗らないこと。もしだめだったらパスしてちゃんとしたのにしなさい」なんてアドバイスをしてもらっていたが、まさか飛行機をチョイスなんてできっこない、と思っていたら、私達のために用意されたセスナは見たところ新しい飛行機のように思われる。これなら問題はないだろう、と一安心。遊覧飛行の時間待ちをしていると、カウンターの中で遊んでいる一人の少年が目に付いた。ハンサムでとても賢そうに見える。私はすぐに彼にモデルになってもらって記念写真を何枚か撮った。彼はこの遊覧飛行の会社にやとわれているパイロットの子だという。お父さんのフライトの時間ずっと、ここで待っているのである。私達はどうやら彼の父さんの操縦するセスナに乗るらしい。

操縦席には五十歳あまりの機長と、三十代の副操縦士が座っている。そのうちの若い方がおもむろに十字を切るといよいよ地上絵を観覧すべくセスナはエンジンの音をフルに上げ滑走しはじめた。多分、若い方があの少年のお父さんかな、とふと思った。

地上絵が何のために描かれたかはまだ説明がつかぬ謎である。地上の我々からは一体何が描かれているか分らぬが、ある高さから見ると、はっきりとした線になって現われる。その絵は、ハチドリ、キツネ、サル、フラミンゴ、コンドル、クモ、手、オウム、クジラなど様々で、直線や曲線のみの幾何学模様も見られる。まことに変化に富んだ造形が展開する。

この乾燥した地表には描かれたもの以外に天然の造形美が際限もなく展開する。私はむしろ砂が風

自然の造形を一直線に貫く道路

に削られてできた波模様の複雑な線に心をひかれた。あまりに美しいので眼下にひろがるこれらの自然の彫琢にカメラを向けて幾度となくシャッターを切った。

地上絵のうち、ハチドリやコンドル、フラミンゴはそれと説明されなければ判別し難い。もちろん一回のフライトで全部の地上絵が観察できるわけではないし、私が実際にこの目で確認したのは、それほど多くはない（ハチドリ、クジラ、手、クモなどは確認できた）から、これはあくまで案内書にのっている図形を見て言うのであるが、フラミンゴが異常に長い嘴である。ハチドリの嘴が長いのは蜜を吸い易くできているからだろう。そういう鳥の性質を強調しているのかも知れない。手の地上絵は不思議である。片方の手は四本しか指がないのはどうしたわけだろう。ドイツ人でナスカの研究家として大きな業績をあげたマリア・ライヘ女史が実は指が一本欠けていたという。何か因縁話めいているが、そのために、彼女は全面的に地上絵の研究を前任者からまかされたのだというのである。

セスナの私の座席は01である。私がけっこう大きいカメラを持っていて、やたらめったらシャッターを切っていたのではじめはカメラマンか何かだとツアーの仲間には思われていたらしい。レインボーヘアもまた、いかにも芸術家タイプと思わせたかも知れない。

ツアーで旅行すると、メンバーが一体どんな仕事か、どこの生まれで彼ら二人はどういう関係なのか等々、まるで戸籍しらべのように人を裸にしてしまわなければ気がすまない人がいる。私など黙っていると、何年か前まで中学校の教師で国語を教えていて、現在は俳句どっぷりの生活をしているなどと思ってくれる人はまずいない。以前は少し秘密めかした方がいいだろうなどと思っていたから、すぐに種明かしはしなかったが、どうせなんだそんなものか、と思われるのもいやだから、昨今は知りたがりにはすぐに素性を明かしてしまっている。

この何年かは、ほとんど年末から年始にかけて外国旅行しているから、日本の正月風景にはますます疎くなってきた。俳句は季節が大切だというのは当然のことであるが、日本のお正月は近年どんどんとそれらしさを失ってきているように思う。和服を着た女性などほとんど見られないではないか。これが成人式だと今度はやたらに着物姿が多い。それもどれも似たりよったりの和服姿である。着こなすという言葉に最も遠いような着物ばかり――。

日本の正月をこき下ろしてみてもはじまらないか。

古都クスコ

早朝リマを発ってクスコへ向かう。空路七十五分ほどで到着した古都クスコは海抜三四〇〇メートル。気のせいか何だか体がふらつくように思われる。早くも高山病の兆しかと思ったのでことさらゆっくりと体を動かす。今回の旅行のために慶應病院で大野先生（中等部で私が担任した）に色々みてもらって薬ももらっているし、万一の時の英文の紹介状まで作ってもらった。

まずもって安心なのだが、病は気からというとおりあまり気にするといいことはないのだ。

バスでペルーレイルの乗車駅のオリャンタイタンボ駅へ。

乗車前にここで大きなスーツケースは次に泊まるクスコへ送り、マチュピチュ村への二泊分の荷物を小さ目の鞄に小分けして入れる。マチュピチュ観光のための列車や宿泊地にも大きな荷物は不可なのだそうだ。

私は荷物をまとめるとスーツケースに忘れずに鍵をかけて預けた。と、ここまではよかったのだが、そのスーツケースの鍵を何処かで紛失してしまったのである。渓谷に沿って走るペルーレイルは快適である。マチュピチュに行くのには別の鉄道もあるはずであるが、このペルーレイルはまさにこの地にかなった観光用に設計されていて、人々は川に沿って次々にひろがる景色に目を奪われるばかりである。その列車の座席でつるりと零れ落ちてしまったか、はたまた駅までのバスのシートに落としたか。

いつも旅行に出発する前にキーの予備は我が部屋の鍵と一緒に日本で財布に入れ、もう一つを旅先で使う財布に入れておくのが常である。ところが今回何をどう間違えたのか二個を一つの長いチェーンの付いたまま持っていたのである。はじめはショルダーバッグに固定していたのだが、それではスーツケースを開けるとき手間取るので外してしまったのが悔やまれる。それより何より、何でまたキーを二つ同じチェーンに付けたままにしておいたのか――。我が馬鹿さ加減にあきれるやら恥ずかしいやら。結局大きなスーツケースはサンフランシスコまでずっと持ち運ばなければいけないただの無用の長物になってしまったのである。もっともマチュピチュの二泊分の着がえははじめから用意したので何ということはない。その後の日程のクスコ観光からディナーショーやらリマでの観光など全くの着たきり雀という体たらくであった。こんな失敗はやはり高山病のせいなのだろうか。

インカの子供と

世界遺産マチュピチュは老いた峰という意味。小型バスでおよそ二十分ほどがむしゃらに登ってゆく。登りと下りのバスがかなりの本数あり、それが断崖絶壁に作られた曲がりくねった道を気違いのように走るのである。擦れ違うときは窓と窓が接するほどである。しかしドライバーは道も運転間隔など知悉しているから事故など起こらないんだという。ぶつかりでもしたらあっという間に深い谷底である。

世界遺産である歴史保護区は海抜二四〇〇メートル。クスコより一〇〇〇メートルも低いところにあるのだが、ウルバンバ渓谷の山間に位置し、切りたった山の鞍部にあるのでその存在があらわれにくく、結果その遺跡が荒らされることなく今日を迎えているのだろう。空中の秘密都市といわれるのもそのためである。総面積はわずか五平方キロメートル。石造りの神殿や宮殿、居住区などがあり斜面を活用した段々畑があり、往時はじゃがいも、とうもろこしなどを栽培して自給自足の社会を作っていたと推測される。石を切り出して建てた神殿や宮殿など、自然の岩盤を巧みに利用して強度を保っている。インカの高い文明をしのばせるのである。太陽神に捧げられた祭壇や石臼状のものに水が溜まり、そこに白熱を帯びた太陽が映っているのは印象的であった。ちょうど我々一行が神殿のあたりを観て回っていたとき、太陽の周りをぐるりと大きな円形の虹がとり囲んだ。まるで天変地異の兆しを見るようだったが、幸いなことに何も起こらなかった。

今度のツアーの最年長は八十四歳の女性である。娘さんがずっと手を引いてマチュピチュもとどこおりなく見学していた。むしろ私よりもずっと足取り軽く、杖こそ用いてはいたが、あの段差をよくこなしたものだ。

食欲もなかなかで、機内食などもきれいに召し上がっていたようで、大体年齢の若い方から体調を崩してゆくのがいつものことであるが、まあこういう人も世の中にはいるんだと感心する。

エジプトの旅でも考えたのであるが、石を裁断する方法がいま一つ不分明なことが、どうも気になる。インカの人々があれほど大きな石を切り出し加工したたについては大変な技術があっただろうことは想像に難くないが、一体どういう技を用いたのだろう。より固い石で根気よく叩いたということは分る。水が凍ることを利用して石を裂いたとも聞く。はたしてインカはどうしたのか。是非とも解明したいことの一つだ。

マチュピチュ観光を終えて三日前に乗ったペルーレイルで再びオリャンタイタンボへ。そこからバスでクスコへ向かう。

サント・ドミンゴ教会、アルス広場など見学するが、私は寺院などは全く記憶していない。この旅でもブエノスアイレスのメトロポリターナ大聖堂、リマの世界遺産歴史地区でサン・フランシスコ教会などいくつかの寺院を見学しているが、どれ一つとして印象にはない。

みんな同じように見えてしまうというのは如何にものの特色を把握していないかの証拠になってしまう。

サンフランシスコに着いて取るものも取りあえず私がやったことは、スーツケースの鍵を開けてもらうことである。

空港に着くとすぐにそれを添乗員に申し出た。私のスーツケースはあらかじめ用意されたしかるべき鍵があればすぐ開くはずなのである。

最近そういう規格のスーツケースが売れているということで、私もその手のものを買ったのである。空港の手荷物の係の黒人の女性が、じゃらじゃらいわせている鍵束の中から数字の合う一つを選ぶと目の前で私のスーツケースは三日ぶりに開いた。鍵をなくすなんてロックなことないよ、というのは大学院時代の先輩のダジャレである。

もう二件ほど失敗があった。その一つは朝食のときブリュットの瓶をひっくり返して割ってしまったこと。発泡酒だからかなり大きな音がしてホテルの客の皆に見られてしまった。

もう一つは土産や上着を入れた紙袋を飛行機の出発ロビーに忘れてしまったこと。親切なツアーの仲間が、私のではないかと客室までわざわざ届けてくれた。

でも無事に地球の裏側まで行ってきたのだからまあよしとしなければ――。

＊

南米紀行抄

サンフランシスコ冬霧なつかしく
もう起きてゐる隣室の音の冬
サンフランシスコの冬へ降下せり
シスコの冬脱ぎ捨てリマの夏へ飛ぶ
降誕祭もつとも遠き椅子にわれ
降誕祭アルパカをもて包《くる》まるる

クリスマスひた行く犬と擦れちがふ
目の慣れし暗さにピエタ降誕祭
諸人のうちなる吾やクリスマス
ユダよりもさびしき一人クリスマス
降誕祭ヨセフはいまも貧しかり
クリスマスツリー雪片一つなき
ジーザスクライストスーパースタークリスマス
マグダラのマリアを愛しクリスマス
カミニートの夏やここにもマラドーナ
大玻璃のへだつ狂躁去年今年
片陰に憩ふ整備士のジャグリング
待機やや長し草灼け翼灼け
土塀続くごとしラプラタ川の夏
滝煙無数の黄蝶翔たせたる
滝の壁より一蝶の剝がれ飛ぶ

滝頭白きはまれば金色に
滝飛沫なめて無数の蝶乱舞
地の涯に奈落のありて滝落す
滝音に生まれて産んで雨燕
滝壺に黄蝶炎のごと乱舞
滝口へ水急ぐなくたゆむなく
一蝶の挑みてやまず滝の壁
一瀑を離れ虚空の蝶となる
滝せめぐなり純白のブラックホール
初飛行機長《キャプテン》十字切りしより
雲上の十字架《クルス》となりて初飛行
アンデスの大きく傾ぎ初飛行
地上絵の魑魅魍魎も初景色
地上絵に未知の直線初飛行
その数の夕まぎれ来て夏燕

中空にインカ道懸け初あした
インカの少女人なつつこく汗かかず
万緑や鈍傷のごとインカ道
鈍傷のごとく古道や夏燕
片陰を伝ひ歩きてマヤの道
グラシアス古都の片陰ゆづり合ひ
インカの裔ならめ雲上耕して
白虹日をつらぬくインカ滅びし日も
円虹を映して石の聖盤は
サンフランシスコの冬の暮とのみ
初旅の地球の真裏より帰る

滴る宝石の国【スリランカ】

スリランカとはセイロンのこと

二〇一二年五月三日から十日までの八日間、「セイロン島六大世界遺産探訪八日間」というツアーに参加した。五月の連休の頃の十日間ほどのうちに、ポーランドを訪れたいという希望があって、いくつか旅行会社にあたってみたのだが、アウシュヴィッツを旅程に含むコースは、どうやらあまり人気がないらしく、すべて催行されないことになってしまった。せっかく空けたこの期間をどこにも行かず仕舞に終ってしまうのは何とも残念と思っていたところ、ちょうど日程が合うスリランカへの旅が目の前に突如ぶらさがったのである。電話すると、その日の出発はもう締め切ったという。私ひとりだったらそこで諦めるところであるが、たまたま私の家で歳時記の例句を整理する仕事で、「樹の会」の面々が集まっており、いくら締め切りを過ぎたといっても一人ぐらい何とかなるはず、という鈴木庸子さんが電話を掛け直して強く交渉してくれた結果ＯＫということになった。流石、もと近畿日本ツーリストに勤めていただけのことはある、と大いに仲間をうならせたことであった。しかし正直なところスリランカ（もとセイロン）について知っていることはほとんどない。首都だって昔からコロンボとしか認識していないくらいである。現在はその近くのスリー・ジャヤワルダナプラ（コーッテとも）が首都ということだけれど、とても覚えられる名称ではない。その上いざ出かけると決めるまでは、地球儀の上のどこに所在するのかも知らないほどであった。何とも頼りない旅人であるとしか言いようがない。セイロンはセイロンティーの産地——これは小学生だって知っていることだろう。

ツアーのおおよその日程は以下の通り。

五月三日　成田発スリランカ航空直行便にてスリランカ・バンダーラナーヤカ国際空港（ニゴンボ）。着後ホテルへ。これ以後すべてバス移動。
五月四日　早朝ホテル出発ダンブッラに向かう。途中池畔のレストランで休憩（結婚式に遭遇）。ダンブッラ石窟寺院（世界遺産）。その後、アヌラーダプラへ。スリ・マハ菩提樹。ルワンウェリ・セヤ大塔。イスルムニア精舎。ポロンナルワ泊。走行三二〇キロ。
五月五日　シギリヤ。シギリヤ・ロック。シギリヤ・レディ（世界遺産）。ポロンナルワへ。クォードラングル。ガル・ヴィハーラ（世界遺産）。ポロンナルワ泊。満月（スーパームーン）。走行一三四キロ。
五月六日　キャンディへ。途中ろうけつ染め工房、スパイスガーデンなど見学。仏歯寺（世界遺産）。ペラデニア植物園。キャンディアンダンス鑑賞。キャンディ泊。走行一四〇キロ。
五月七日　ヌワラ・エリヤへ。途中象の孤児園。ティー・ファクトリー。走行九七キロ。

五月八日　ゴールへ。朝ヌワラ・エリアの市場、郵便局など。途中仮面工房に。走行二九〇キロ。
五月九日　ゴール（世界遺産）見学。時計塔、要塞、教会など。コロンボへ。市内観光。ガンガラーマ寺院、コロンボ大学、独立記念館。夕食後コロンボ空港。直行便で帰国の途へ。
五月十日　成田着（約八時間五十分）。

そもそも私が小学生の時以来記憶しているのはセイロンという国名とその首都であるコロンボという都市の名であって、スリランカとかスリー・ジャヤワルダナプラなど全く馴染みがない。とにかく一にも二にもセイロン紅茶なのである。そんな私がたまたま出かけた国スリランカは実に日本人に好意的な国であった。

ごく最近までは政情不安定な国の一つと目されていたが、少なくとも一人の旅人の目には穏かな仏教国として映った。

何しろ国民のほぼ七割がインド北部のアーリア系を先祖とするシンハラ人でこれがほとんど仏教徒。ついでインド南部が出自となるタミル人でタミル語を話し、そのほとんどがヒンドゥー教徒であるという。あとの一割足らずがムーア人でイスラム教を信奉し、タミル語を話す。昔からこれら異民族間のいざこざが絶えなかったようだが、今は国中だいたい治安はよいとのこと。北海道の八割ほどの国土である。戦さでも始まったらあっという間に国中がまきこまれてしまう。

スリランカは宝石（ダイヤモンドと真珠以外）が多く採掘されるというが、その国土はまるでインドから滴り落ちた一滴の水のようである（私はこの美しい国がインドの逆三角の下辺に位置することを、この旅まで認識していなかった）。

スリランカとは光り輝く島の意だそうだが、まさにこの国はその呼称にぴったりである。大きな一粒の緑の宝石のイメージは、世界有数の宝石産出国にまことにふさわしい。日本にも支店のある有名宝石店に立ち寄ったが、素人目ではあるがすばらしい輝きの宝石が日本と比べてかなり安価（？）なように思われた。もし宝石に興味のある女性だったら、アレも買いたいコレも買いたい状態になるのは間違いない――。

さて、概略スリランカについて述べたが、これからほぼ行程に従って見聞したことについて書き記してゆくことにする。

今度のツアーはツアー・ディレクターをいれて総勢十九名。直行便でスリランカの土を踏んでからはすべてバス旅行になる。ある時は一日に三二〇キロも走らなければならない。ゆったりとした大型バスを期待していたが残念ながら座席の余裕がほとんどない中型のバスが一行を待ちうけていた。参加人数の関係でこのようになってしまったようだ。普通だと自主的に適当に座席を変えて全員がバスの前部、中ほど、後部を経験するのだが、今回は毎回バスの座席の抽選が行われた。こんな些細なことにも一喜一憂する。

北インドへの旅行記にも書いたのだが、このスリランカでも車の運転に関しては大いに興味を持った。そこでこと運転に関してはまず旅程のすべてに先立って書いておきたいと思う。

追い付き追い越せ

インドで走っている小型車は一つとして満足なボディを維持しているものはなかった。狭いところを強引に擦り抜けるために、サイドミラーはのっけから畳まれていたし、何ヶ月も洗車したことがないようなボディはいたるところボコボコ。とにかく我先に走ればよい、と、そんな感じであった。しかし、スリランカは違う。とにかく車が日本のそれよりキレイなのだ。車種は大体がトヨタ、ニッサン、ホンダ、スズキ等の日本の小型車で、そのほとんどが傷一つない状態で走っている。しかし、その走りっぷりは日本とは大違い。自分より少しでも遅く走っている車は何としても追い抜くのだ。私など自分より遅い車が前を走っている場合は、安全に追い越せるポイントまでたとえ何キロだろうが先行車についてゆくのが当然である。まして追い越し禁止のラインがあればなおのこと——。

スリランカのドライバーはたとえ時速一キロの差でも遅い車が先行することは許さない。クラクションを鳴らして追い越しをかけてゆく。大きくS字カーブしているような危険きわまりないようなところでも遠慮会釈なく追い越して行くのである。バスに乗っていても気が気でない。こちら側の車線で二重追い越しをかけて来るのが窓から見えるから恐いことこの上ない。なにせ前方からも同じように追い越しをかけて来る車が見えるのだ。

かなり激しいクラクションの応酬があるのに各々の車はそれぞれ自分勝手のスピードで走り続けているのである。どうやらクラクションには私などには分らない信号があってそれを互いに送り合っているのではないか、と思われてくる。下手すれば自分が事故にまき込まれてしまうわけだから、追い越しをさせる側にもそれ相応の用意が必要なはずだ。無理な追い越しが事故につながれば自分も無事でいることはできないのである。そのことを現地人ガイドに尋ねてみた。どうやらバスの後部についているランプが後続車両に追い越しの可不可を知らせるらしい。それによって追い越しをかけるタイミングをはかるのかも知れない。一般の車両はクラクションで意志を通じるのだろう。

日本でこういう経験をよくする。チンタラ走っている車をどうにか追い越そうとすると、突然スピードを上げて、追い越させてなるものか、というような意地の悪いことをする。

もしスリランカのドライバーでこんな日本人のような根性悪がいたら間違いなく事故である。ずいぶん無鉄砲に走っているように見えて、案外暗黙のルールに従っているのかも知れない。それは彼らの車が実にきれいに磨き上げられており、フランスやイタリアの街角にずらりと駐車している小型車の十年も洗車したことがないみたいなのとは全く異なっていることからも類推できようというものだ。日本車は高価であるけれど故障はしないし安全というのが現地人ガイド氏の感想で、韓国製やインドの車は問題外と大いに日本車を持ち上げていた。

インド人「ノー!」

スリランカ人は、長年の抗争という歴史的な背景があるせいか、私には全く同じ人種に見えるインド人をあまりよく言わない。経済的にもインドがはるかに優位に立っていることも彼らの癪に障るのかも知れない。ある時、どこかのトイレ休憩で並んでいると列を無視して割り込んで、さっさと用を足した男がいた。現地ガイド氏は吐き捨てるように「あれがインド人ですよ」と言った。

スリ・マハ菩提樹は紀元前三世紀にインドのブッダガヤの菩提樹（仏陀がその木の下で悟りを開い

たという）の分木を植えたものという。インドの元の木はすでに枯死し、仏陀にゆかりの菩提樹はここだけ、とガイドは力説する。本家のインドは仏教徒はほんの一割程度で、大部分がヒンドゥー教徒である。また仏教関係の遺跡も、世界遺産もふくめて、そのほとんどがいわゆる僧侶の常住しない遺跡であるのに対して、スリランカのそれは実際に坊さんの修行の場であることが多いので、仏教の本家は今ではスリランカである、というガイド氏の説にももっともなところもあるようだ。勿論ここの菩提樹とて紀元前に植樹されたものが、そのまま大樹になって今にあるというわけではなく、何代目かの子孫である。象などの大きな動物に踏み荒されないよう、周囲には石やレンガの台を設け、鉄柵で囲んで保護されている。

私の海外旅行はいつも何かつきがある。

トルコに行った翌年に大地震があり、しばらくは復興のために外国人が観光するどころではなかった。

エジプトに行った折には、帰国するとすぐに群衆が蜂起しムバラクの独裁政治が崩壊した。しかしその後の混乱ぶりは目を被うばかりである。あと十日もズレていたら大変な思いをするところだった。

こんどのスリランカはとてもハッピーな偶然が待ち受けていた。スリランカでは満月の日を（フルムーン）ポヤ・デーと称して休みをとる習慣があるのだが、そのポヤ・デーがちょうど五月五日で、仏陀の誕生、解脱そしてそして涅槃を記念する花祭と重なったため、スリランカ中の寺院が美しく飾られて仏教徒である国民が大いに楽しむ日に当たっていたのである。

供物を捧げ持って

ポヤ・デーと花祭

スリランカの世界遺産の仏教寺院は、ことごとく美しく飾られ、たくさんの白い浄衣をまとった善男善女であふれている。また世界遺産などという大層な寺院でなくてもそれぞれ最大限の化粧をしているように思われる。

五月五日は満月にあたり（ポヤ・デー）もともと国民の休日になっているのだが、それと仏陀の日（花祭）が同時に催されるのだから、仏教国としての最大のにぎわいとなることは想像に難くはあるまい。

とにかく民族の七割を占めるシンハラ人はそのほとんどが仏教徒であるのだが、この期間田んぼに出て働いている農民は、ほとんど見られない。

北海道の八割ほどの大きさの国土には、いくつかの有名な寺院があって、農家の人も家族打ち揃ってそれらの寺院に参拝するのである。近郷近在から、ぞろぞろと寺院を目指して集まってくる。カルチベーターに取り付けたリヤカーに一家をぎっしりとのせて国道を走っているかと思うと、借り切ったツクツク（三輪車）に家族をつめ込んで目的地に向かう。自分達の住む農村からそう遠くに出かけることができない人は、それぞれの村の寺院でお祭に参加するのである。

大きな寺院では参拝した信者に大規模な饗応が行われる。勿論信者は酒を飲まない。何が不自由かといって食事に酒類が出されないほどがっかりすることはないのであるが、この期間、我々が宿泊するごく一般的なホテルでも、アルコール類は一切出ないのである。

信者には食事が用意されるが、これは坊さんが信者のために供するのではなく、信者の中の豊かな者達が金を出して地方からきた同じ信者を接待するのである。

仏教信者であったとしても生身の人間には、釈尊の教えを忠実に守ることは難しい。十戒を守ることは坊さんにまかせて、この祭のような時に多くの喜捨を行って埋め合わせをするのだろう。観光客の私達にも飲物などがサービスされた。

境内のいたる所で、白衣の信者たちが座り込んでぼうっとしている。きっとどこか遠いところからぎゅう詰めの車にゆられてやってきたんだろうと思う。

信者は尊いお坊さんの説教を聞き、接待にあずかり、またそれぞれの村に帰ってゆくのだ。

スリランカの「おしん」

聞くところによるとスリランカでは今、日本のTVドラマ「おしん」が大変ヒットしているとか。ずいぶん昔中国に行った時やはりこの「おしん」が大変高い視聴率を上げているということがあった。その中国はいま農村部でも大変な経済的発展をとげている。以前中国の農村部を通ったとき、家々の庭にはほこらしげにバイクが置かれていた。そのバイクは現在では車にとって代わられている。それは中国という広大な国土と世界一の人口を有した国だからこその繁栄なのであろう。スリランカのおしんははたして豊かな生活をすることができるのだろうか。

現在アメリカがイランに対してきびしい経済制裁を行っている。スリランカは石油のほとんどをそのイランから輸入しており、逆にセイロンティーの大部分をイランに輸出しているという。だからアメリカの経済制裁のとばっちりをまともに食って大変な危機的状況なのだという。平和な国スリランカが気の毒に思えてくる。大国のさまざまな思惑の影響がこんな小国にまで及んでいるということだ。

ダンブッラの石窟寺院を見学する。ダンブッラとは水の湧き出る岩という意味で、実際寺院の第二窟の天井からは絶えず湧水が滴り落ちている。この聖なる水を受ける壺があるのだが、その壺の水は常に水位が変わらないのだそうな。

第一窟、自然石で彫られた涅槃仏は圧巻である。全長一四メートル。その足は真っ赤に塗られて、美しい円型の模様が描かれている。勿論立派な偏平足の御御足である。

第二窟は、ダンブッラ最大の窟で、五十六体の仏像を安置する。

この窟の壁や天井には彩色された壁画がびっしりと描き込まれている。何度も修復されているということだが、全く描き変えられてしまうことも多々あったらしい。

石窟寺院を出たところで猿に遭遇。日本の猿と違って観光客に食べ物を乞うようなことは全くない。スリランカのどこにいっても猿がたくさん遊んでいるが、彼らは全く人間に餌をねだることはない。ガイド氏が、どうだスリランカの猿の礼儀正しさは、というような顔をして私達を眺めている。

気が付くと、猿の隣りに犬がのんびりと寝そべっている。犬猿の仲などと言うが、スリランカでは野良犬と猿も仲が悪くはないらしい。給餌所のような場所を見かけたことはないのだが、動物達もしかるべく遇されているのだろうか。その猿がプルメリヤの白い花片をむしゃむしゃやっていたのが印象的であった。

イスルムニア精舎の寝釈迦は先に拝観した石窟寺院のそれとはだいぶ趣を異にする。体とその衣を美麗に塗られてまばゆいばかりのお姿である。いずれにせよ、我が国で拝す仏達とは全く異なるというのは興味深いことだ。

どこを見学する途中であったか忘れたが、トイレを何ヶ所かに分れて借りたことがあった。私は朝

犬猿の仲

の儀式（トイレに関するもろもろの）が完全に済んでいなかったので、どうかしてキレイな洗面所を――と思っていたのだが、ガイド氏が案内してくれたのが日本の寺院でいうと塔頭のようなところ。かなりの位の僧が寝起きしている部屋についたトイレを借りることができた。一時はどうなるか、と思っていたところなのでほっと一安心。そこの住僧が部屋の外にくつろいでおいでだったので一緒に記念写真を申し出るとダメだと手を横に振る。やはり高僧に対してぶしつけだったかなと思っていると、彼はすぐに引っこんで、現われた時には僧衣をちゃんと身にまとっていたのである。つまり写真はノーではなくて、こんな恰好では失礼だからということだったのである。ガイド氏はこのお坊さんとは懇意であるらしく、ずいぶん親しげに話していた。トイレの儀式も無事に済ませ、記念写真も撮って僧院をあとにしたことである。

狂王の宮殿

前回南米の旅でペルーのマチュピチュ遺跡を訪ねたとき、何でまたこんな岩山の上にとあきれたものだが、シギリヤ・ロックはそれをはるかに上まわったほどのあきれ加減であった。遠見からしてすでに異様としか言いようのない岩山は、その頂に至ることさえ大変なはずである。その岩山の頂上に宮殿を築いた王がいたとは。そんなことを思うだに狂気の沙汰であるが、この王はほんとうの狂気であったのだ。

その狂王カーシャパについてちょっと紹介しなければなるまい。父の王はスリランカに広大な貯水池や運河などを築き多くの利益を民衆にもたらした。その長男として生まれたカーシャパの母親は平民の生まれだった。彼には弟がいたが彼の母は王族の血筋である。カーシャパはいつかこの弟が自分に取って代わるのではないかと危惧する。そうなると父親の存在が気になってこようというもの。疑心暗鬼となったカーシャパは父王から王位を簒奪し、その持てる財をすべて自分に委譲せよと迫る。その時父王は我が息子を自らが建設した貯水池にいざない、その水を指さして「これが我がすべての財産である」と言ったという。まさに王国のいまあるのはこの貯水施設のおかげなのである。それを理解しないカーシャパは父王を殺させてしまう。弟はインドに逃れ、機をうかがっていたが、やがて帰国し王となっていた兄を攻めて自殺に追いやるのである。

その狂王が造営したのが、シギリヤの岩山の上に築かれた宮殿というわけである。王は猜疑心が強く、女性だけの軍団を作り、すべて宮廷を女性だけに任せたともいう。わずか十一年間の都であった。まさにシェイクスピアの悲劇にでも登場しそうな気の毒な王ではある。

シギリヤ・ロックを見上げ、狂王の伝説を思う。

あの岩山の上に宮殿なんてまさに狂気以外の何ものでもない。しかし父王を殺し、弟を追放し、さまざまな悪業に手を汚さなければならなかった男の、後悔と復讐を恐れる心には、そんな気違い沙汰さえもあたり前のことだったのかも知れない。

岩山の入口近く、イギリス人が作った鉄製のらせん階段を昇っていくとその絶壁の中腹に目も覚めるほどの美しい色彩の美女のフレスコ画が我々を待ち受けている。現在では十八人の美人しか残っていないが、かつては五百人ほどの人物が描かれていたものと推定される。こんなところに、何のために、と思わざるを得ないのだが、その異様な美しさは心にしみる。自分が殺してしまった父王の魂をなぐさめるためと言われているが、それでもやはり何のためにこんなところに、という疑問は残る。

ライオンの入口よりシギリヤ・ロックへ

フレスコ画の美人

ほとんど上半身裸の女性と衣服を身につけている女性が描かれているが、着衣の女は裸の女に仕える侍女のような趣である。現在残っているのはわずか十八人の人物像だけで、失われたものはほとんど風雨の浸食によったり、戦いで剝がされてしまったもののようである。さすがスリランカだけあって身につけている宝石の類いも美しく描かれている。私にはタミル人もシンハラ人も区別がつかないのだが、美女たちもまたシンハラ人なのだろうか。狂気の王は王宮に働く者をすべて女性にしたという説を紹介したけれど、この絵の女性もまた自分に仕えさせる心算の女達ではなかったのか。

狭い階段を昇りつめた岩山の北側に広場があり、ライオンの入口と呼ばれる宮殿の入口があり、そこからジグザグに掛けられた鉄階を昇りつめると頂上に王宮の跡がある。この階もイギリス人が掛けたものかも知れないが、私達が行った日はちょうど五月五日のポヤ・デーの日である。カンダタの蜘蛛の糸をよじ昇る罪人のように、ひっきりなしに観光客が階段を昇ってゆく様子は実に奇異な印象を与えた。

階段の近くの岩壁に黒いふぐりのような袋状のものがいくつもぶら下がっている。なんと大きな雀蜂の巣である。広場の一角に金網を張った小屋があったのは、この雀蜂が襲ってきたときの避難場所であったのだ。蜂は人の声に刺激されて巣を飛び出して観光客が被害にあうことがあるそうだ。今日は特に人出が多いから気を付けて下さい、と言われたけれど、階段を昇り下りしている時にぶーんと彼らが来襲したらどうにもなるまい。山国によくある落石注意の看板と同じだな、などと変に感心する。

汗を流して階段を昇り切ると王宮跡だ。マチュピチュの遺跡には、まだ何となく王宮やら何やら建造物があったことをうかがわせる痕跡があるが、ここにはそんなものは何にもない。ここが王宮とか兵舎、プールの跡だといわれてそうかと思うばかり。何もない。ただ、その眺めのよいことは最高だ。こんな所に十年も住んでいた男の気持を考えるだけで、狂気が襲ってきそうだ。得も言われぬ不思議な気持になってシギリヤ・ロックを後にする。

食事場所へ行く途中車をとめてキングココナツジュースを体験する。鉈さばきも軽妙に、あっという間にココナツに穴があけられ、ストローを挿しこんでくれる。生温かいけれどなかなかの味で満足する。こんなところでよく冷えた飲物なんてかえってよくないだろう。

仏の歯を祭る

キャンディはシンハラ王朝最後の都である。

紀元前五〇〇年にアヌラーダプラにシンハラ朝最初の都がおかれたのだがタミル人の侵略の結果次々と遷都し十五世紀にこの地キャンディに落ち着いた。しかし近代に入って、ポルトガル、オランダと次々に近付いては離れ最後にはイギリスを頼って外敵を追ったが、やがてそのイギリスによって滅ぼされることになり、首都としてのキャンディも崩壊した。

そのイギリスの統治時代の面影を強く漂わせるのが、今も名門ホテルとして知られているクイーンズ・ホテルである。

立地としてスリランカで最も有名なペラヘラ祭の観光の中心地となっており、コロニアル風の美しい外観を持つ。一寸トイレットを拝借しただけであるが、なかなか感じのよいホテルであった。ペラヘラ祭期間中は一年前から予約で満室だそうな。

キャンディ一番の観光地は、何といっても釈迦の歯（左の糸切歯とか）を本尊とする仏歯寺である。この寺を象徴するような八角形の堂は、英国占領時代（十九世紀前半）留置所になっていたという。イギリスはインドばかりでなく植民地に対してずいぶん苛酷なやり方をしている。まあ、バイキングの国だから仕方がない話かも知れない。大英博物館に行ったことはないが、その展示品は、すべてどこかの国から奪ってきたものばかりだ。そのひけめから入館料が無料なんだろう、と勘繰ってしまう。

ところで、この仏の歯はどうして現在キャンディにあるのだろうか。釈迦が亡くなって火葬にされたのが紀元前五四三年といわれている。その時密かに手に入れた一本の歯を四世紀になってインドの王子がセイロンに持ち込み、アヌラーダプラに献納した。この間の事情は壁画などに描かれたりしているが、詳しい事情は私には分らず仕舞であった。

仏歯は都が移るたびに、その地に運ばれた。というより仏歯が安置された場所が都という方が正しいかも知れない。

そして十六世紀このキャンディに落ち着いたというわけである。しかし、ポルトガルがこの地を占領した時をはじめ、何度も仏歯が失われる危機があったという。現在、その仏歯なるものは黄金の仏塔をかたどった容器に保管されていて、それを実際に見る機会はほとんどない。仏歯の容器が納められた部屋は一日三回、仏への礼拝の時間一般に参観が許される。その時間の善男善女はまさに押すな押すなの大混雑だ。しかし、宝石を多数ちりばめた黄金の仏塔自体イミテーションであって、本物は寺院の奥深く秘蔵されているということである。

仏歯の真偽はともかく、このようなモノが最大の信仰を集めていること自体が私には興味深く思われた。

今日は大統領が参拝するというので一般の入場はきっかり四時で終了。

この木何の木

その後ペラデニア植物園を訪れた。総面積五・六平方キロメートルのなかに四千種以上の植物が植えられている。中でも目立つのは大きく張り出したジャワ・ビンローの樹。その緑陰は一八〇〇平方メートルもあるという。「この木何の木気になる木」とかいうコマーシャルに出てきた木であるなどといわれているが、事実はどうであろうか。

記念樹園の様々の木々は世界各国の著名人が訪れた時の記念に、植えられたものである。その中に一九八一年皇太子明仁（現天皇）と美智子妃のお手植の木があった。ゆっくりと見て回りたい珍しい樹木が数多くあり大きな棗椰子の実など古代の彫刻の豊胸を思わせるような美事さである。このヤシのおっぱいの写真を思わず何ショットも撮ってしまった。

スリランカはまさにインドから滴り落ちる宝石のような形状をしている。美しい緑のペンダントトップみたいだ。スリランカとは光輝く島という意味である。もとイギリス連邦セイロン自治領であったのが独立して、正式にはスリランカ民主社会主義共和国となった。セイロン茶と並んで最も有名な産物が宝石類である。そしてその代表的な石は、アレキサンドライト、キャッツアイ、サファイア、ルビー、ムーンストーンなど。ダイヤモンドは産出しない。また真珠はアコヤ貝などの貝類が形成するものだからこのスリランカでは不産出。

とにかく一流の有名宝石店（やはり宝石に限っていえば絶対一流の信頼できる店でなければならな

い）に並んでいる種々の宝石の美しいこと。私のような門外漢から見ても、それはキレイだし、日本の宝石店で見るものに比べて値段は半分ぐらいに感じられる。私には宝石蒐集の趣味もなければ何よりもお金がないから、決して財布を開けることはないのだが、もし女性だったら、本当にあれも欲しい、これも欲しいという気になってしまいそう。宝石に興味があって、相応の鑑識眼があってそしてお金がある人、是非スリランカを訪ねることをおすすめします。何だか宝石店のまわしものみたいだけれど、本当のことを言うと私も少なからず興味があるのです——。

象さんの水浴びを遠くから見学した後、象の孤児園とやらへ案内される。ジャングルで親にはぐれたり、怪我を負ったりした子象を保護しているのだ。観光客に子象達に哺乳ビンでミルクを飲ませたりさせてくれる。大きいけれどやはり子象は可愛いものである。授乳が待ちきれない牡の子象が、大きな彼のシンボルをむき出しにしたり、パオーン、パオーンと鳴いて催促したりするのもおかしい。最後に大人の象さんと一緒に記念写真を撮って象さん達の孤児園とサヨナラした。

本場のセイロンティー

ヌワラ・エリヤへ向かってバスは九十九折《つづらおり》をどんどん上ってゆく。目に飛び込んで来る山々はすべて茶畑である。その急斜面に、たくさんの女性が張り付くようにして茶を摘んでいる。いよいよセイロンティーの本場にやって来たのである。

ヌワラ・エリヤとはシンハラ語で光あふれる町という。とても爽かな気候のため、イギリスの植民地時代から避暑地として発展してきた。その時代の名残りを思わせる建物がそこかしこに点在する。

植物園の少女達

茶摘みの女性

ゴルフ場などもいくつかあるようだ。十九世紀初頭に建てられたコロニアル建築の郵便局を見学。円筒形のポストが印象的であった。

ティー・ファクトリーの一つに立ち寄って、工場を見学し、紅茶のサービスを受ける。私はいつも何も入れないのだが、ここではミルクをたっぷり入れたミルクティーを楽しんだ。売店では最高級の紅茶が、驚くほど安く売っている。日本で買うとどう見てもこの二倍はする。ツアーの誰彼（特に女性）、日本で紅茶の店を出せるほど大量に買い込んでいた（ここはいわゆる産地直売ということで安価に販売しているのだ。それは、エアポートの売店で、同じものがかなり割高なプライスが付いていることでも分る）。

私も半年ぐらいはもつほどの紅茶を買ってこのティー・ファクトリーを後にした。

建物の外へ出て四囲をぐるりと見回す。山々の所々に霧がかかっている。またかなりの水量の滝が落ちているのが遠望できる。このような環境だからおいしい紅茶ができるのだろう。

ヌワラ・エリヤは紅茶の産地としてはスリランカで最も標高が高く、紅茶の味も芳醇な香りで心地よい渋味が特色だという。その他の産地でも、それぞれ特色のある紅茶を産する。とにかくスリランカは「セイロンティー」の国なのである。この国を訪れるまでは、私の知識はたったそれだけであったことを思い出してしまった。

翌日ヌワラ・エリヤのホテルを出発して二九〇キロをバスはひた走る。勿論途中で休憩を取り、食事をする時間があるのだが、このツアーはとにかく長時間ぶっ続けに走る。

レストランでビールを楽しんで、バスが走り出してからすぐにこれは失敗したな、と思った。今日の目的地ゴールのホテルに入る前に仮面工房に立ち寄ることになっているのだが、そこまでノンストップで行くというのだ。私の危惧は適中、一時間も走らないうちに下半身がぞくぞくしてきたのである。これから一時間だってもちそうにない。しかし、勿論バスは止まるそぶりもない。ゴールの市街に入って、あと何キロかで目的の仮面工房に着くという、その何キロかの長かったこと。バスが到着するやいなや私はほとんど転がり出るようにバスを降りるとトイレにかけ込んだ。

考えてみると、こういうことは今までにも何度かあった。後になってこれこれしかじかと言うと、「それならすぐに言って下さればよかったのに」という返事が必ず返ってくる。しかし私のように、それが切り出せないタチの人間もいるのだ。いい旅行社の条件にきちんと無理のないトイレ休憩を取ること、という項目があってもおかしくはないだろう。

それにつけても、私以外の人達は何てしっかりしているのだろう。それとも私と同じように必死に我慢していたのかいな、と思ってしまう。

つまらないことを書きちらしてしまったが、私にとってそれは大問題なのである。

スリランカ最大の港町ゴールの旧市街を囲む石造りの要塞は、長い間のスリランカの植民地としてのありようを物語る。ポルトガル、オランダ、そしてイギリスと、次々にこの町を支配してきた。その象徴が、この要塞なのである。このあたりはキリスト教会やコロニアル風のホテル、モスクなどが多く、仏教的色彩はほとんど感じられないのが特色だろう。

空港に行く前にシーマ・マラカヤ寺院を見学する。ベイラ湖に突き出して造営されたこの寺院は、コロンボ最大の寺、ガンガラーマ寺院の別院のようなもの。有名な設計家ジェフリー・バワによるきわめてモダンな寺院である。花祭の飾りつけとして、湖上に浮かんでいる大きな蓮の造花が、逆光に美しく照り映える。花の上に注文したように白鷺がとまっている。そんな景にもこの斬新なスタイル

花祭の飾り

の寺院はすっかり同化しているように思われる。今回の旅で多分一番美しい写真となった何ショットかをここで得たのはうれしい限りである。

日本の要人が来訪しているということで、この寺院も五時きっかりに門をとざしてしまった。もう少し夕映の湖上に浮かんだ景色を眺めていたかったのだけれど――。

終ってみるとあっという間の八日間であったが、とにかくほとんど何の知識もなかった私が、少しはスリランカを理解して帰国したことは事実であり、私としては一つの財産を手にしたことになると考える。

今回の紀行文とも言えない紀行文はこれで終る。また、例のごとく「スリランカ百句」を作ってみての感想は、やはり一句一句の密度がかなり薄まってしまうことであった。しかし、今後も百句シリーズは続けてゆく心算である。後日、文集としてまとめることがあると思うが、その時はもう一度ふり返ってみて、自分の心に残った句だけを抽き出し、大方の批評を受けたいと思っている。

＊

スリランカ紀行抄

田植はやすみし水嵩湛へたる

逝く春の光に紛れ入る吾は

行く春や乞食ならず僧ならず
芭蕉ならず西行ならず雲に飛機
雲上の五月メッカへ祈る男
鳥雲に雌伏千年いや万年
行春やわれに鉛の風切羽
五戒なほ十戒まして花祭
花祭緑したたる国にして
花祭切子灯籠吊し売る
禿頭をかくドライバー五月の蝿
道端の花も仏花や花祭
水海月ただよふごとき切子かな
きららなす国の一と日の日焼かな
盆道のごとく草刈り花祭
市場にも仏旗をかかげ花祭
破芭蕉悉皆破れし緑かな

ツクツクに重機に仏旗花祭
押し掛けのツクツク五月の汗黒き
猿がゐて犬ゐて人がゐて五月
御僧の日傘眼光炯炯たり
仏旗ちぎるるばかりツクツク花祭
辻仏膝下くすぶるまで灼けて
破芭蕉百日破れて緑濃き
ツクツクを停め緑陰の立話
塗りさして畦の乾ける花祭
プルメリア白をつくして花祭
御御足の一畳ほどの涅槃仏
椰子の葉もて葺きし家居の涼しさよ
飾りつけすんでポヤデー待つばかり
ツクツクを乗りすて今宵花祭
道端を象の親子や花祭

西瓜売るスイカ提灯ぶらさげて
西瓜売る爺婆孫子みんな出て
花祭一家けんぞくコロンボへ
ペリカンも鷺も見てゐる畦を塗る
棒畦に白鷺佇てり花祭
ツクツクのひつくりかへり花祭
花祭幼らも供花握り持ち
朝より火炎樹の燃え盛るなり
火炎樹の猛り仏の国しづか
畦道に仏旗はためき花祭
象の背のゆらりと高し花祭
花祭五日の畦の乾き切り
雛僧のウコンの衣花祭
摂待に僧俗並び花祭
道端にころがして売る西瓜かな

茶畑の九十九折なし斜面なし
ひとり来て朝飯前の茶を摘める
茶摘女や深煎り珈琲より黒く
その汗も紅茶の色に出づるべし
居ちらばりここの斜面の茶をつめる
茶摘の渋しみて少女期すぎ易し
前山も背山も茶摘時分とて
たらいもといふ愚かさを愛しけり
フルムーンフェスタ塗畦乾き切り
区別ありバナナなる樹とならぬ樹と
仏頭もネオンまとへり花祭
無防備な昼寝むさぼり花祭
放たれて水牛あそぶ花祭
水平線交錯プールとインド洋
花祭すぎたる海鼠畦を塗る

アウシュヴィッツの青い花【ポーランド】

私の机の上に一冊の本がある。『テレジンの小さな画家たち』（偕成社刊）という。作者は野村路子さん。その帯文に、あとがきから次の文章を抜いている。

「学校へ行く、遊園地で遊ぶ、おなかいっぱい食べる――子どもたちのねがいは、どれも、あたりまえのことばかりでした。いまの日本でなら、だれもでもかんたんなことです。でも、テレジンの子どもたちには、その中の一つさえもゆるされていなかった……そう考えたとき、わたしは、どうにかして、この子どもたちの絵を日本の子どもたちに見てもらいたいと思いました。」

テレジンは第二次世界大戦中、ヨーロッパ各地に多数あったナチス・ドイツの強制収容所の一つで、ここから多くのユダヤ人が、アウシュヴィッツに送られて殺されている。

テレジンの小さな画家たち、とは、この収容所に四千枚に及ぶ様々な画を残して死んでいった子供達（ソ連軍によって収容所が解放された時、生き残っていたのは数えるほど）のことである。

プラハの国立ユダヤ博物館で彼らの絵をはじめて見たとき、野村さんは、是非とも日本の子供達にもこれらの絵を見せたいと思ったのだ。

野村さんは子供達の絵と、何篇かの詩を携えて、日本各地で講演会を行い、歴史上最も悲惨な事実を多くの人に語ってきた。それは今も続けられている。

また、ギタリストの中村ヨシミツさんの作曲で、歌と朗読のコンサート、「テレジン　もう蝶々はいない」を何度か開催してきた。それを知ったテレジン市の招きで、チェコ公演も実現させた。私はその時まだ現役の教員であったので、残念ながら、彼らの公演に同行することはできなかった（一行がプラハに到着した九月十一日、ニューヨークで同時多発テロが発生した）。

私は、この本に出会う前から、アウシュヴィッツで起こったことに大きな関心を持っていた。中学生を教えている一教師として、彼の地に遺された人類の大いなる負の遺産を、この目で確かめる必要があった。

しかし、アウシュヴィッツ行を企画する旅行社は多いのだが、なかなか私の都合のつく時期には実現しない。ほとんどの場合参加人数が足りず、催行されないのである。

ポーランドやチェコを訪れる旅はいくらもあるのに――。

わざわざお金かけて、おぞましい殺戮の現場を見に行きたくはない、というのが大方のいつわらざる気持なのかも知れない。島国日本の体質や、異民族との関わりの仕方からもそれは言えようと思う。

二〇一二年八月、ＪＴＢが中欧の旅を企画した。チャーター便でまずハンガリーに飛び、ブダペストからグループ別にバスでチェコまで行き、プラハからまたチャーター便で帰国するという旅行である。

他のいくつかのコースはすぐに定員をオーバーしたのに、アウシュヴィッツを含むコースはなかなか人が集まらなかったそうだ。だがしかし、この目でホロコーストの現場を見てこようという私の思いはついに実現するはこびとなった。

成田発零時ＪＬ９９９便にて出発。

ブダペストは実に美しい街である。戦争の跡は、どこをどう見廻しても目にふれることはない。ただし、ブダとペストを結ぶ多くの橋の中で、最も有名な「くさり橋」などは、戦前の面影は全くないのだという。優雅なたたずまいだった橋は大戦で見る影もなく破壊されてしまい今見るのはシンプルなかたちに再建された橋である。

おそらく第二次大戦ではヨーロッパ中かなりの被害にあっていると思うが、それが、ほとんど昔のように復活させていることはまことにすばらしい。

以前ドイツのドレスデンに旅行したことがある。ドレスデンは日本でいうと京都のようなところで、軍事基地とか戦争に関わることとは全く無関係の美しい市街であった。それなのに、ほとんど破滅的なまでに連合国の空爆で破壊されてしまった。戦後、その瓦礫を一つ一つ拾い集めるようにして、寺院や王宮、劇場などを復活させた。私がオペラを観たドレスデン歌劇場もその例にもれない。

日本の歴史的木造建築も、運命的に火災をまぬがれない。しかし、焼けるたびに、すぐに再建されている。そういう意味で、ヨーロッパと日本の文化意識は相通ずるものが有るのかも知れない。

ブダペストから、この旅の最終目的地のプラハまで、様々な印象的観光地があったのだが、それらをすべて割愛して、旅の第五日目、クラクフのアウシュヴィッツについて書いてゆきたい。

一般にアウシュヴィッツ強制収容所というとき、それは、もとポーランドではオシフィエンチムと称していた地に建造された第一収容所と、そこから三キロほど離れたビルケナウに設けた第二収容所を指す。オシフィエンチムという地名は、ドイツ風にアウシュヴィッツと改められ、はじめはポーランド人の政治犯をもっぱら収監していた。

私がアウシュヴィッツを訪れたのは八月八日。空は青く澄みわたり、純白の雲が収容棟の上に浮かび入道雲がもくもくと第一収容所の上に立ち上がっていた。

収容所の入口に鉄の門があり、その上部に、「ARBEIT MACHT FREI（働けば自由になる）」という鉄製の標語がかかっている。そのBのアルファベットが逆さになっているのは、この看板を制作した囚人の無言の抵抗だと言われる。

何棟ものレンガ造りの棟が建ちならび、大きな鈴懸の並樹が黒々と影を落としている。ポプラなど近年に植えられた樹木が、半世紀前の木立ともども美しい緑を茂らせている。

もし、これが強制収容所の建物であることを知らなければ、少しばかり陰気な研究棟ぐらいにしか見えないだろう。

しかし、収容所を二重に取り囲んでいる有刺鉄線には、八千ボルトの高圧電流が流れていたのである。収容所の苛酷な毎日に耐え切れぬ囚人が、自らこの有刺鉄線に飛び込んで命を絶つこともめずらしいことではなかった。

見学者の誰かが置いたのだろうが、鉄線の碍子のところに、白いバラの花が括りつけられていた。

構内の要所要所に設けられた看視塔が、この建物がどんな目的で存在したのかを雄弁に物語る。

しかし、雲は白く空はあくまで青く、その外観からは死の匂いを感じ取ることは全くできない。

ある棟を見学している時のことである。通路の石造りの階段が一段一段、中ほどから右と左の両側がすり減って、小さな窓からさし込む日にぼんやりと光っているのを見た。大勢の囚人が重い足を引きずって歩いた、そのために石の階段が凹んでしまったのだろう。

各部屋の様々な展示品を見てゆこう。

廊下の一隅にかかげられた写真――。何人かの男達が、積み重ねられた全裸の死体を焼いている。手足をつっぱらせた屍は、まるで材木か何かのようだ。もくもくと白煙が立ちこめる。

第一強制収容所には、百万を超える囚人達（ユダヤ人、政治犯や反社会分子とされた人達、ソ連軍の捕虜、ポーランド人などなど）から剝ぎ取ったたくさんの遺品が、整理することなく雑然と陳列されている。

ガス室で何十万という囚人を毒殺したチクロンBの空カン。これをシャワーをつかわせるといって全裸にした人々の上から注ぎ込んだのである。

そのガス室に、冷たい壁に囲まれてガランとした空間である。天井に四角い穴が空いていて、そこから猛毒のチクロンBを投入したのである。チクロンBはすぐに気化するので、このように堅固なカンにつめてあるのだ。死体の焼却炉は、何か特殊は工場のようで、その目的はちょっと見には分らない。

しかし、ここで一日に何千人もの人達が焼却され、その灰は近くを流れる川に捨てられた。

焼却する前に、死体から金歯など金目のものを奪取することにぬかりはなかった。そしてその仕事をするのは、体がきくためにガス室行きをまぬがれた囚人達であったのだ。

野村路子さんのもう一冊の著者『子どもたちのアウシュヴィッツ』には、その時十五歳だったバコン少年の体験談が紹介されている。バコンは死体から金歯を抜き取る仕事をさせられ、数え切れないほどの死体の口をこじあけてきた。そしてある日、変わりはてた実の父親の遺体に遭遇してしまう。

少年は涙を流すことなく、父親の口をこじあけたのだという。

このような悲惨な体験をして生き残った子供達もいる。生き残るためには「千の幸運と千の偶然」が必要といわれるが、アウシュヴィッツの地獄から帰還した彼らが、本当に幸せなのかどうか、本人以外に決して分らない。

もとに戻ろう。

重さにして四〇キロほどもある眼鏡の山――。ほとんどが丸い眼鏡で細いつるが付いている。眼鏡の山は、それぞれが海月の足のように絡みつき、まるでゴミためで芽を出したもやしのひげのようでもある。ここに山盛りにされた眼鏡が、半世紀前にはユダヤ人達の日常を眺めていたのである。レンズにこびり付いた汚れは、じっと見ると、彼におこった悲劇の一場面の残像のようでもある。しばらくの間これらの眼鏡の山を見ているうち、一つ一つのレンズが白濁した目玉みたいに思われてきた。

次の部屋には、四百数十もの義手や義足の類いが山をなす。これも死体から剝ぎ取ったのであろうか。これほどおぞましい光景はまたとあるまい。まるで生きているかのように他の義足を踏みつける義足――。生命のないはずの義手や義足が、今にも動き出そうとする。その中に鎧のようなコルセットがある。ここの陳列も一部分だというから、もっともっと多くの体の不自由な囚人がいたに違いない。不自由な足をひきずって、アウシュヴィッツまで連れてこられたその終幕がガス室であったのだ。

四千個近いトランクの半数ほどに持ち主の住所や名前が書かれている。目的地があるはずがない旅行鞄の山――。

ここに山積みされているトランクは、ナチの親衛隊員の興味を引かなかったものばかりだろう。

首が取れてしまった金髪の人形。スコッチ模様のスカートがそのまま残っているだけ悲しい。

列車の終点、中央門

収容棟入口

眼鏡の山

女性用トイレ

大小さまざまな靴は八万足を超える。ゴミのように積まれているこれらの靴は、みなホロコーストまで歩いてきたものばかりだ。赤いサンダルや、ヒールの少し高い靴もある。その靴を脱いだところで彼らの旅は終った。

囚人から切り取った二トンにも及ぶ髪の毛の山を見て言うことばはない。その他、ただの日用品の数々が、これほどまでに積み上げられると、その不気味さは、並たいていではない。半世紀前のある日までは、これらの日用品もまた、人々の髭を剃り、頬をはたき、髪を整えたものばかりなのだから。

第十一収容棟は「死の家」という。所内での抵抗運動や逃亡を企てて捕えられた者が収監され、餓死の刑に処せられた部屋がある。その隣りの十号棟ではドイツ人の医師により、ユダヤ人の女囚に人体実験がほどこされた。

その両棟に隣接した壁はいわゆる「死の壁」だ。ここで何千人もの抵抗組織のポーランド人が銃殺された。

敷地の中には、見せしめのための絞首台があり、ここでも多くのポーランド人が殺されている。収容所が解放された直後、ナチスの親衛隊の将校が、この絞首台で首をくくられたという記事をどこかで読んだことがある。

第一アウシュヴィッツの見学を終えて出て来た時に、大きな秋田犬を連れた幸せそうなユダヤ人の一家を目にした。

第二収容所ビルケウナに廻る。

テレジンをはじめ、多くの強制収容所から貨物車で運ばれてきた囚人達は、列車を降りたところで選別され、労働力となり得ない者は、そのままガス室に送られた。ビルケナウにはかなりの処理能力を持つガス室と焼却炉が建設されており、毒殺と焼却に関しては第一収容所からこちら側に移行していた。この第二アウシュヴィッツこそ、まさに絶滅収容所であったのだ。

中央門を通過した、レールは森のはるか遠くまで続くように見える。しかし、中央門を通り過ぎるともうその先にはレールはない。囚人達の旅もここが終着なのである。

第二収容所の大規模なガス室と焼却施設は、ナチス・ドイツが撤退する時に爆破したため、その残骸をさらすばかりである。広大な第二アウシュヴィッツの敷地には三〇〇あまりのバラックが建てられていた。それもほとんど証拠隠滅をはかるために破壊されてしまったが、それでもまだ何棟かが昔のままに残っている。

そのバラックの一棟に入る。まるでたくさんのへっついの穴のような便座が並んでいる。ここは女性専用のトイレというが、決められた時間以外は使用禁止である。彼女達は排泄の自由さえ与えられていなかったのである。

アウシュヴィッツで行われたことすべてが、人間の尊厳を無視した悪行であったが、私はこの一事ほど酷烈非道なあつかいはないと思った。百万の犠牲者の無念を思わざるを得ない。

一棟に一ヶ所、まるで飾り物のような暖炉がある。

アウシュヴィッツは「史上最大の墓のない墓場」と言われているが、バラックが破壊された跡に林立する暖炉の煙突の一つ一つが私には墓標のように思われた。

その広い敷地の草原に、たった一輪小さな青い花が咲いていたのが心に残った。

アウシュヴィッツを訪れる人は、ヨーロッパ人が最も多い。

二〇〇八年の統計でおよそ九十七万人、北アメリカからが九万人、アジア各地から五万三千人、オーストラリアから一万三千人、南アメリカ三千五百人、そしてアフリカから二千人（「アウシュヴィッツ・ビルケナウ」より）。

日本人はどのくらいこの地を見学しているかは不明である。

いつだったか、ドイツのヒトラーチルドレンといわれる若者達がアウシュヴィッツを訪ねて、イスラエルの青少年達と話し合うテレビ番組があった。かつてドイツの青少年達は（大人ばかりではなく）ヒトラーの演説に何の疑いもなく同調した。勿論世の大勢に仕方なく従っていた人々だっていたには違いないが、とにかくヒトラーの名演技にほとんど誰も抗することができなかったのは疑いない事実であろう。あの聡明なドイツ人が、である。

アウシュヴィッツで百万人ものユダヤ人殺戮に深く関与した親衛隊の誰一人として罪の意識に苛まれて眠らない日々を送っていた者などおらず、ただ職務を遂行していただけ、と考えていたことは、あり得ないことではない。

死体の口から金歯を剝ぐことを仕事にしていたユダヤの少年さえ、しまいには何にも感じなくなってしまったのだから。

しかし、解放後捕われたナチス党員が、何もかも上から与えられた任務としてやったことで、自分には何の罪もない、と答えてはばからなかったことは、やはり恐ろしいことである。

もし、私がナチス側だったら同じことをしたかも知れない。

人の命を、毛虫を踏みつぶすより容易に奪って、何も感じないような毎日だったかも知れぬ。何とも恐ろしいことである。

かつて、シエイクスピアの『ヴェニスの商人』を読んだときのことを思い出す。

アントニオが期限までに借金を払えなくなったとき、金貸しのシャイロックは証文をたてに、あくまでアントニオの胸の肉一ポンドを切る取ることに固執した。うんと利息をつけて金を受けとる方がどれだけいいかシャイロックが知らないわけではない。それなのに彼が一ポンドの肉にこだわったのは何故か。それはユダヤ人がとことん卑しめられていた歴史があるからだ。それは都合のいい時だけ利用して、そのくせユダヤ人を卑しめてはばからない社会に対する反抗なのだ。シャイロックの意地の悪さは、単純にこのユダヤ人のキャラクターとしてのそれではない。その怨みは根深いのである。

裁判官になりすましたポーシャは、シャイロックがぐうの音も出ないような切札を切った。「肉をとってもいいが血は一滴も流してはならぬ」と——。

生きた人間の肉を切り取って血が出ないなどあるはずはない。ということは、この約束の肉一ポンドは、はじめからあり得ないはずのことなのである。

ポーシャの裁定に、昔の読者の私は拍手喝采した。ざまあみろ性悪のジュウ奴が！　ということである。そのように誰でも感じるようにシャイロックは運命付けられていたのだ。それが世間一般のユダヤ人を見る目なのだろう（もしかしたらシェイクスピアはそういう見方に一石を投じていたのかも知れない）。

それやこれやを考えると私はヒトラーの非人間的な考えを一概に糾弾することができなくなってしまう。

しかし、しかしである。そのことがホロコーストを認めざるを得ないということには絶対ならないのだ。

今、私達は人類が過去に犯した大きな誤ちに真摯に向き合わなければならない。ヒトラーチルドレンを過去に逆のぼってなじることもなければ、アウシュヴィッツで不幸な死をとげた者達の子孫が、ドイツの若者にかつての代償を求めることもない。過去を大きな教訓として未来を志向することこそ我々にとって大切なことなのだ。

地球は太陽系の一惑星であり、その太陽系は銀河系の一部。同じような銀河が宇宙には無数に存在する。しかし、地球のような美しい水の星は、他にはまだ一つも発見されてはいないという。

そういう美しい水の星の住民達が、あちことで戦争を起こし、テロが頻発する。飢餓や病気が蔓延し、自然災害にかてて加えて原発事故——。

人類の文明はあきらかに進歩してきたが、文化はそれに比例はしないのである。

ホロコーストの現場（といってもほんの一部ではあるが）を見てきたことで、今は少しでも人にやさしい人間としてふるまえることができる自分になれればいいと願っている。

露ひとつぶ地球ひとつぶ露の世や　克巳

追記

「知音」に掲載した「アウシュヴィッツの青い花」をお読みになった野村路子さんから、次のようなお話が寄せられた。すなわち、ホロコーストの頃、アウシュヴィッツにもテレジンにも花は一輪も咲くことはなかった。

何故なら、強制収容所に芽を出した植物は、それが食べられるものだったら、ほとんど囚われた人によって食べられてしまったというのである。「テレジン　もう蝶はいない」――。雑草は花をつける前に彼らの飢えをしのぐために摘まれていた。そう、蝶は決して飛ぶことはなかったのだ。

*

アウシュヴィッツの夏

夏帽子とればうつしみの髪あふれ
夏草やかつてこの門出づるなく
にんげんがにんげんを狩る汗もかかず
ただの肉塊となり八月の赤んぼう
くそまるもゆまるも定時汗寒く
寒き夏へつついならずおいどのせ
ホロコーストへ晩夏の扉あけはなつ

晩夏光ホロコーストはわが胸中に
いのちたたずむホロコーストの片陰に
雲の峰極悪非道とは易く
出発のなき終着や雲の峰
わが夏の視野のかぎりのホロコースト
六千ボルトの夏に感電してしまへ
焼却炉晩夏の花をつめこんで
峰雲の十字架《クルス》純白ホロコースト
首吊の夏木ありハイルヒトラー
自由行きはどつち晩夏のターンテーブル
夏雲の無限の白さ負の遺産
殺人の論理明快夏の雲
生き地獄見て来し汗の眼鏡かな
目ん玉をとられし眼鏡夏暗く
ゆく夏やハライソに靴は不要です

ゆく夏のかつてステップ踏みし靴
行く夏の靴の山なる靴一つ
片つぽの靴が靴呼ぶ晩夏かな
サンダルの指の指紋がうづき出す
夏ゆくや一期つめこみたる鞄
ゆく夏の義手と義足といがみ合ふ
義手と義手じやんけんぽんの晩夏かな
晩夏の義手いがみ合ふともむつぶとも
骨肉を剝がれ晩夏の義手義足
脱衣婆に盗られし汗の義足かな
汗かはき義手や義足や息絶えて

シチリア周遊記【イタリア】

以前からシチリア島は是非一度は訪れたいと思っていた。ローマやフィレンツェ、ミラノ、ヴェネツィア等々イタリアはとても魅力的な国である。何度でも行ってみたい歴史や文化そして風土があり、親しみ易い国民性がある。

私の心臓をケアしてくれている慶應病院の大野洋平先生が、カターニア大学フェラロット病院のコラード・タンブリーノ教授のもとで、大動脈弁狭窄症に関する施術を学ぶためにシチリアに留学したのを切っ掛けに、にわかにシチリア行が現実化したのである。コラード・タンブリーノ教授は、いわゆる心臓疾患に関するカリスマ的な存在で、世界にその名が知られているという。私は長い間高血圧症をほったらかしておいたので、心臓がかなり肥大し、まともに働いてはくれないらしい。「ノミの心臓」なのに大きすぎるというのも不思議な話だ。

地中海最大の島シチリア島は知っていたけれど、それほど知識があったわけでもない。せいぜい『ゴッドファーザー』による知識か、おいしいワインの産地であることぐらいなのである。でも、何となく行ってみたかったのは、あのイタリアの半島（靴のような）に蹴っ飛ばされているような形に興味を持っていたこともあるかも知れない。

ちなみに洋平先生は、慶應義塾中等部で私が担任を受け持ったことのある秀才で、お母さんの大野まりなさんはそのご縁でもって、私の主宰する「樹の会」(中等部で私が教えた子供達のお母さん中心の句会)のメンバーになり、「知音」の同人として俳句を楽しんで(?)いる。そのまりなさんを中心に旅行計画はとんとん拍子に進み八名の「知音」の仲間が参加することになった。

私は中等部の教員として三十年以上在籍していたが、たった一つだけ悔いを残している。それは、今までの教え子達に、私が何よりも俳句を愛していることを一度も告げたことがなく、当然ながら、彼等を俳句にいざなったことが皆無であった、ということである。もし、そうしていたら、今ごろ百人以上の俳句大好き人間が生まれていたのに……。

清崎敏郎先生は中等部で教えていた時に、彼らに俳句を教えており、大の敏郎ファンもいたということを考えればなおさらのことである。

洋平さんの奥さんの暁子夫人は同じく慶應病院の産婦人科のドクターで、今回は休職のかたちで洋平さんに同行していたが、彼女がとても分り易いシチリア周遊のレジメを作ってくれた。また、まりなさんの御主人が、宿泊地付近の様子を具体的に記した地図を我々のために用意してくれた。洋平さんの留学後お二人でシチリアを訪問した旅の経験を活かした地図である。

はじめにおおよその旅程を述べておこう。今回の旅の同行者は、中川純一さん、大野まりなさん、鴨下千尋さん、佐藤二葉さん、染谷紀子さん、原田章代さん、山本智恵さん、そして私行方克巳の八名である。この八という数字はとても便利な数で、何かの時に四+四であったり、二+二+二+二であったり実に動き易い数であったことを書き添えておこう。

出発は連休あけの二〇一四年五月九日。成田を発って、ローマから洋平さんの留学先のカターニアへ。
〇カターニア　市内観光。魚市場・野菜市場を見学。ベネディティーニ修道院。
〇タオルミーナ　ギリシア劇場。マッツァーロ海岸。青の洞窟。
〇シラクーザ　アポロ神殿。ドゥオーモ広場。アレトゥーザの泉。
〇ラグーサ　サン・ジョルジョ教会。
〇アグリジェント　神殿の谷。
〇パレルモ　クアットロ・カンティ（四つ辻）。マッシモ劇場。
五月十七日パレルモからローマを経由して十八日成田着。
旅行の前日、不注意から日本刀で右手の人さし指を切ってしまい、六針縫うというアクシデントがあった。
所持する日本刀の一本の白鞘が抜け易くなっていて、何気なくその鞘の方を持って片付けようとしたら、いわゆる鞘走るという言葉の如くスルリと三十センチほど抜けてしまって、あっという間もなく私の指を傷付けたのである。たまたま鈴木庸子さんが手伝いに来てくれていたのですぐに応急処置をした上で近所の目蒲病院に連れて行ってもらった。自分一人だったら大変なことだし、もし指の先でも落とすようなことがあったら、シチリアどころではなかったに違いない。
病院の処置室に通されると、今まで外科の手術をしていたドクターの妻鳥さんが、「行方先生、私実は中等部の出身で、数学科の大澤さんと同期です」とおっしゃる。それだけで何だか少しほっとした気分で、教師稼業もまんざら捨てたもんじゃないなと思う。

シチリアはパレルモから入るのとカターニアから旅を始めるのと二通りある。今回は洋平さんの学会の日程によって、最初にカターニアを訪れる行程となっていたのだが、私のケガにとってはそれが幸いであった。妻鳥さんにそれを話すと、少しオーバーなほどに包帯をしてくれた。というわけでカターニアに着いて、まず洋平さんの診察を受けるということになったのである。私はこの旅ではニコンF3を持ってゆく心算であったが、人さし指に包帯をしていては無理があるので今回は一眼レフの持参は断念せざるを得なかった。

妻鳥先生に処方してもらった抗生物質を服用しなければならないから、少なくとも三日間はアルコールは駄目だと皆はいう。しかし、機内では自粛しても、シチリアに行って本場のシチリアワインを飲めないのは何とも残念なことである。きれいに縫合されていて全く感染症の心配もないから、少しぐらいは、という洋平先生の一言で（と私は承知していたのだが……）、一同この旅の無事を祈って乾杯する。

ホテルから、うっすらと噴煙を上げているエトナ火山を望むことができる。もうすっかり夏なのであるが、空を黒々と染めるほど燕が舞っている。飛び方を見ていると、いわゆる餌を取るための飛行ではない。あきらかに婚活のために飛び交っているとしか思えない。数知れぬ燕が、まるで鷹柱のように高々とエトナの空を飛翔する様子はすさまじい。つい先頃愛知県の日間賀《ひまか》島で観察した燕とは全く様相が違う。イタリア燕だなァやっぱり――。

洋平さんご夫妻にカターニアの市場を案内してもらう。ここはシチリア最大の市場だそうな。野菜市場も魚市場も大変な賑わいであるが、売り手も買い手もほとんどが男性である。それがお国柄なのだという。大きなロブスターをぶら下げて、どうだこの活きのよさは、とばかり男が自慢する。どの売り手も陽気で気さくである。我々は一目で観光客と分るのだが全く邪魔にする様子はない。オレと一緒に写真を撮れと言って獲物を振りかざすのである。太刀魚は日本では段平《だんびら》そのままで売るが、ご当地ではまるで鋼のように巻いて並べる。昼食は簡単にということで、アランチーノというライスコロッケを注文したが、とても一個は食べ切れない。スパゲッティなども我々には考えられないほどの量が出されるが、ライスコロッケも半分で十分である。

シチリアの伝統菓子カンノーロ（『ゴッドファーザー』で毒を入れたこのカンノーロで敵役の大ボスを暗殺したあのお菓子である）もデザートとしてすすめられたけれども私にはどうも甘すぎるような気がしてパスしてしまった。少しぐらい試してみればよかったかも——。

俳句手帖を片手にうろうろする私達にも気さくに声をかけてくれるこの雰囲気はやはりイタリアならではというべきか。

ベネディティーニ修道院は一五五八年に設立された。エトナ火山の噴火の被害をまのあたりにする。溶岩流の押し寄せた跡があちこちに残っている。

修道院の建物は現在カターニア大学の人文学部の校舎となっている。地下に設けられた図書館がとくに印象的であった。ドゥオーモ広場で観光バス（といってもちょうど遊園地の子供の乗物のようなかわいい列車のかたちをしていて、およそ三十分ほどで市内の主な見所をまわる）に乗車。若い女車掌が私のヘアに注目して写真を一緒に撮ってくれという。また手帖を出してサインしろという。サインなど俳句関係の本以外ではじめてのことである。

今度の旅行はシチリアということで、出発の何日か前に行きつけの美容室でイタリアをイメージしたカラリングをしてもらっていた。その効果は抜群で、いたるところで一緒の写真のモデルになった。

活きのいいロブスター

カターニア大学図書館

レインボーヘアでもてまくる

ローマでカターニア行の飛行機に乗り継ぐのであるが、旅行会社の手配ミスで、私と千尋さんが一足先に行くことになってしまった。彼女はご主人との海外旅行に慣れているからいいが、私はいつもツアーの後をくっついて動くだけ。そこで千尋さんに後れないように手荷物検査をすませ、やれやれとばかりその場を離れようとすると、ちょっと待てとスタッフが私を呼び止める。千尋さんはもうとっくに先に行ってしまっている。何か問題があったのかと思っていると、彼はにこにこ笑って、「写真を一枚とらしてくれ」という（もちろんイタリア語でである）。そのくらいは彼らの顔を見れば見当がつくのである。彼らに両腕を抱えられるようにして私は何枚かの写真におさまる。背後に荷物検査のテーブルやらセキュリティーのゲートやらが写るのは当然のことである。私がついて来ないので心配した千尋さんがあわてて戻って来たときには、彼らから解放された私が手荷物を両手に一体どっちに行ったらいいのかうろうろしているという図である。千尋さんも一安心――。

とにかくイタリア人の彼らは七色のヘアスタイルに対する反応がなまはんかではなかった。シチリアの旅を終えて帰りの飛行機に搭乗するまでそれは続いた。我が生涯で最もモテた一週間であった。

彼らは自分が写った写真をすぐにフェイスブックに投じるらしい。あるレストランでスタッフの女性と撮ったツーショットが、翌日はもう彼女の友人の店員さんのスマートフォンに届いていた。

私はイタリア人の色彩感覚は大変すばらしいと思っている。だから、シャツはほとんどエトロの製品だけを購入する。ネクタイもイタリアのそれは色がとても美しい。そんなイタリア人から髪の毛を大そうほめられたのだから嬉しくないわけはないだろう。

さてシチリア島最初の夜の食事は洋平先生ご夫妻の案内で、シチリアの典型的なシーフードを楽しんだ。ワインもまたシチリア産をチョイスしたのは言うまでもない。私の人さし指は何事もなく少しグラスを持つのに不安であったくらいである。

カターニア市内を歩いていると、大野洋平さんと知り合いのイタリア人から何度か声がかかる。すでに洋平さんは、このカターニアの住人として認知されているごとくである。とある広場にさしかかると洋平さんの仲間達に呼び止められ、同じロゴ入りのTシャツを着せられて皆で記念写真を撮る。何でも明日マラソン大会が企画されていて、洋平さんは奥さんともども参加するのだという。まだシチリアに来てそんなに時間がたっていないけれど、積極的に彼らに解けこもうとつとめているらしいのだが、それがごく自然に思われるところがすばらしい。

先にシチリアワインで旅の前途の無事を祈る乾杯をしたことを書いたが、それは着いて翌日の夕食のときのことである。

日本と大いに異なって、シチリアではレストランが開くのはほとんどの場合二十時すぎてからのことで、それまではバル（居酒屋？）で食前酒を飲みながら開店時刻を待つのだそうだ。のんびりしていてすばらしい時間の使い方だと私などは思うが、気が短い人にはイタリア時間はしんどいことだろう。

私達は洋平さん夫婦の行きつけの店で、典型的なシチリアのシーフード料理を、まさにシチリア時間で楽しむことができたわけである。指のケガのことがあるので、はじめは皆の手前遠慮しいしい飲んでいたけれど、グラスを重ねるうちにもうどうでもよくなってしまったことは言うまでもないでしょう（ちなみに指の包帯はその後、看護婦さんがわりの千尋さんに毎日取り替えてもらいました。ありがとうございました）。

タオルミーナでは、サン・ドメニコ・パレスホテルに連泊。

その名称からもすぐ見当が付くように、このホテルはもと修道院であった建物であり、その庭園のすばらしさは格別であった。紺碧の地中海が眼下に広がり、目を上げるとエトナ火山がはるか噴煙を上げている。この地中海とエトナ山はまさにタオルミーナの定番の景とでも言ったらよいだろう。しかし、とにかく今でも煙を上げている活火山で、これまで歴史上何度も噴火して、この島に甚大な害を与えてきたいわくつきの火山なのである。大人しくしているうちは、まさに絶景の主役としてどこから眺めても一幅の絵になるというもので、一行の八人もこのホテルの庭に立ち、エトナ山をバックにすてきな記念写真を残すことができた。散歩していたツーリストのおじさんにシャッターを押してもらったのであるが、彼は私達の意図通りのフレーミングでバッチリ撮ってくれたのだった。全員サングラスをしているので、必ず目をつぶってしまう誰かさんもOK——。

カターニア一泊目の夕食はホテルにすぐ近いレストランが予約してあった。これはという店の予約は、すべてまりなさんが洋平さんと相談して決めておいてくれたから、あれこれ迷わないで済んだのである。この夜のホテルの食堂を一寸のぞいてみると、支配人からボーイさんに至るまでいかにもものものしい。客もきちんとしたかっこうをしている。聞けば今日の晩餐会は正装のディナーパーティーなんだそうな。毎晩このようなディナーなのか聞きそびれたが、私達は次の晩も市内のレストランでシチリアワインをたっぷり飲んで気楽な食事を楽しんだ。

タオルミーナは地中海を眼下にする山地の中腹に位置する。

紀元前四世紀ごろからギリシアの植民地とされていたため、この地にはシチリアで二番目の規模を誇るギリシア劇場がある。今でも音楽や芝居などさまざまなイベントが行われているというが、私達が訪ねた時は誰か有名な歌手のリサイタルの準備中ということで様々な機器が準備されていた。ギリシア劇場の遺構を見に来た私達には迷惑なことであるが、二十世紀も前に造られた劇場が、現代人の役に立っているということは素晴しいことに違いない。

この劇場からもまた、青く澄んだ地中海とエトナ山が見わたせる。

しばらく座席に腰を下ろして時間の流れを肌に感じつつ涼風に吹かれたことである。

ロープウェイを利用してマッツァーロ海岸に下りる。この辺は長期滞在客の多いリゾート地ということであるが、我々一行はボートを借り切ってタオルミーナの景色を海から眺める。日本でも似たところが各地にあるようだが、ここにも青の洞窟なる景勝地があり、洞穴にボートを乗り入れていやが上にも青く澄み切った水景を楽しませてくれる。でも伊豆の海か何かにいるようで、新鮮さはない。

島のこのあたりの小さな村で、例の『ゴッドファーザー』の多くのシーンが撮影されたらしい。

今回の旅で、私は中川純一さんとずっと同室にしてもらっていたが（女性はホテルごとにメンバーチェンジ）、二人とも早起きなので朝食はいつも七時きっかりに食堂へ連れ立つという毎日であった。

サン・ドメニコ・パレスを立つ朝である。

健康的に腹が空いている二人がいそいそと階下の食堂へ下りてゆくと何やら様子が変である。昨日の朝はすっかり用意ができていて、何人ものボーイさんやらメイドさんが我々を待ちかまえていたのに、たった一人黒服のマネージャータイプの男がぶすっとした表情で皿やら何やらをセットしている。彼の他には誰もいない。何と、当ホテルの従業員は全員ストライキに突入したというのだ。正装に身を固めた彼らがきびきびと立ち働いていた昨夜の晩のありさまは一体何だったの？　と首をかしげても仕方がない。普通日本だったら前日にこれこれしかじかで我々はストライキに突入します、とか何

ギリシヤ劇場からエトナ山を望む

世界遺産のクアットロ・カンティ（四つ辻）

とか宿泊客に知らせがくるだろうよ。でもたった一人働いているその男は我々にスミマセンでもなければあと少々お待ち下さいでもないのだ。仕方なく部屋に戻って、昨日食べ残したクッキーや林檎をかじったりして急場をしのぐ。そのうちに他の客の声などもして少しは用意ができたようだ、というのでまた二人食堂に下りてゆくという仕儀——。

チェックアウトを済ませて外へ出ると、普段着の服装のホテルのスタッフがのんびりと話をしている。またいかにもそれらしい横断幕や旗がたくさんひらひらしている。彼らには、「お客さまにはご迷惑をお掛けしました」なんて気持は全くなさそうだ。にこにこ顔で手を振って我々を送ってくれる——。もう朝からあきれて怒る気にもなれないから不思議である。これがイタリアなんだなァとただ感心するばかりなのだ。

シラクーサは「アルキメデスの原理」で知られる数学者で物理学者のアルキメデスが生まれたところ。ここにはシチリア最大規模のギリシア劇場があるが、見学する時間がなかったのが残念。

旧市街の中心になるのはドゥオーモ広場である。ドゥオーモとは神の家の意で、キリスト教の大聖堂をいうがここに七世紀に建てられたバロック様式の建物の重厚さはきわめて印象的である。いかにも中世というイメージにぴったりの雰囲気をかもし出している。広場には様々な人が集まるが、奇妙な身ぶり手ぶりで人目を引いている集団がいる。ちょっと聞きなれない節で歌っている歌も何だか妙な感じだ。でもその集団をリードするようなかたちの女性がちょっと魅力的だからスナップしていたら、彼らの目的は、興味を持って近付く人から寄付金をせしめる宗教団体であることが分ったので早々に彼らから離れた。どこにでもこういうグループはいるのだと思った。

アレトゥーザの泉にはパピルスが自生し、白鳥もやって来るという。この泉は、ニンフのアレトゥーザが川の神アルフェウスに迫られて化身したという地で恋人達のデート場所として知られている。そんないわれのある泉ということから、泉水を覗き込んでいる旅人達のほとんどが若い女性達で、私のヘアはすぐに彼女らの目に止まり、一緒に写真を、ということになった。その泉をしばらく眺めて後、海岸の方に下りてゆく。ここから見渡す海もまさに紺碧としか言いようがないほど澄み切っている。

アグリジェントのメインは何といっても二十あまりのギリシア神殿の遺構のある「神殿の谷」の見学である。その中でもコンコルディア神殿は、シチリア中最大のもので、ギリシアのパルテノンにも匹敵する美しいスタイルを見せる。建造は紀元前四五〇年頃といわれるドーリア式である。我々の宿泊したホテルヴィラ・アテナはそのコンコルディア神殿の直近に位置するが、夜はライトアップされた神殿を各々の部屋から眺めることができるという絶好のポジションがうれしい。ホテルそのものも流石に五つ星ホテルの名に恥じぬくらいに美しい。神殿巡りから帰って疲れた体をホテルのテラスの椅子にゆだねて飲んだビールのうまさは忘れられない。一泊ではあるが、夜は夜で一行はホテルライフも十分に楽しむことができた。

シチリア最後の行程はパレルモである。市内観光中めずらしく雨に降られた。その中で見学した、クアットロ・カンティ（四つ辻）はまことに印象的である。大きな辻に建つシチリアン・バロック様式による建造物はさまざまな彫像で飾られている。野外彫刻の展示場みたいだという説明がぴったり。この一角のみで世界遺産に登録されているという。近くにプレトーリア広場というのがあり、噴水をとり囲むように三十体ばかりの裸体像が並べられている。この広場は有名らしいが、その彫刻たるやみんなどこかで見た作品のイミテーションみたい。品が全くない。口の悪い人はこの広場を「恥の広

マルトラーナ教会の少女達

場」というそうだが、私もまさにその通りの感想。早く取っ払ってしまった方がいい。クアットロ・カンティの気品ある彫像とは雲泥の差がある。これを設置した関係者の美意識を疑わざるを得ない。

シチリアの雨は三十分ほどですぐに止むといわれるが、その通り。雨をさけるようなかたちで入ったマルトラーナ教会で三十分ほど過ごしているうちにすっかり雨はあがる。

礼拝堂に五、六人の女の子（小学校高学年ぐらい）がいて、ボランティアでツーリストに内部の説明をしている。やる気十分で私達にも声を掛けてきたが彼女達はイタリア語しか話せないので丁重にお断りする。しかし、それぞれみんなとても可愛い。彼女らが休憩で外へ出たのをしおに私達も礼拝堂を辞し、雨のあがった庭で彼女達と一緒に記念写真におさまる。今度だけは私の方でお願いして写真に入ってもらったのである。

シチリアに行ったら、イタリアの劇場の中でも有数の歌劇場とされるマッシモ劇場で是非ともオペラを観たいと思っていた。映画『ゴッドファーザー』の中で二代目のドン・コルレオーネ（アル・パチーノ）の娘が、劇場を出た階段のところで殺されるシーンがある。その階段で記念写真を撮ったりオノボリさん気分満喫といったところだ。開演前、映画の中でドンが息子のオペラ歌手の演奏を観る、そのロイヤルスイートの座席をカメラにおさめたりあちこちきょろきょろ覗いてみたが、オペラハウスの雰囲気もまたすばらしい。

オペラ観劇をする土地客は、開催後に食事に繰り出すのが普通ということで、開演前はどこのレストランも支度中ということなのだが、何せ我々は明日早く帰国しなければならない。そこで六時頃にはもう開いている店で最後の夕食をとり、シチリアワインを十二分に飲んで大そうご機嫌で劇場に向かったわけで、私など劇場内でもう一杯飲んだワインがすっかり効いて、肝心のオペラの半分以上夢うつつの中で鑑賞する仕儀と相なった。当日のプログラムは『ドン・ジョバンニ』で、我々一行の切符は洋平さんが入手してくれていた。何とも勿体ない話であるが、私の音楽好きも大概この程度で、とにかく本物に直に触れること自体が楽しいのである（ちょっとばかり負け惜しみに聞こえるかな——）。

映画の劇中劇でコルレオーネの息子が歌う『カヴァレリア・ルスティカーナ』を帰国後新国立劇場で観た。このオペラはとても分り易い作品で、私にも一度観ただけで内容が理解された。

シチリアといえばマフィアとすぐに結びつけるが、我々の見たシチリアにはそんな面影は全くなく、陽気で気さくで親切なイタリア人の笑顔がたくさんあるばかりである。

私達の移動手段は九人乗の小型バスで、私はいつも助手席に座らせてもらっていた。英語を話す運転手は都合二人で私達を運んでくれたのだが、その一人の大男のカルメロが特に印象的であった。ドライバーも旅の演出には欠かせない要素である。その点でも恵まれた旅行だったように思う。まさに旅は道連れ世は情——いい仲間といい旅を楽しんだ十日間であった。

＊

シチリア旅吟抄

夏燕パテオの空を使ひ切り

太刀魚《ソードフィッシュ》鋼のごとく巻いて売る
婚活の燕パテオの中空に
夏めくや検索カードにわが指紋
モンテエトナの空をひねもす夏燕
一蝶の海の青さを返し来る
海彦か山彦か蝶立たせしは
極楽鳥花ごくらくとんぼ来てとまる
バルサミコ風味の日焼け島乙女
胸も腰もシチリア育ち片陰に
漆黒の足音よ石畳灼け
コルレオーネ村の一品《いっぴん》よく冷やせ
この島にシェアしてパスタもジェラードも
シェスタの片陰に立ち島娘
夏雲に岩上屋を架して住む
一湾の灯の数尽くし夏の月

灯を重ね岩を重ねて夏の月
島涼し銘醸ワインならざるも
この一卓漂ひぬべく月涼し
夏山を二た分く谷の緑濃く
燕高翔ける空の微塵になりたくて
この道もローマに続く草の絮
夏燕バロック・ロココ飛び交はす
夏落葉して千年の甃
草の絮穴居三千年の夢
洞窟のマリア在せり草の絮
ジプシーのマリアは宙に草の絮
つばくらめ空青く雲白ければ
夏燕ドゥオモの空のつつぬけに
シチリアンブルーに染まれわが夏シャツ
夏雲の飛石伝ひ地中海

神殿をまろび落ちたり恋雀
聖廃墟残して麦を刈りにけり
大雷雨ヘラの神殿降り暗め
大雷雨神の鉄槌かと思ふ
ジャカランダ色のストールはしきやし
シチリアンブルーの雨や聖廃墟
アーモンドの小さき実ほどに恋兆せ
神々の黄昏ながきビールかな

あとがき

今までいくつもの海外旅行をしてきた。しかし、そのほとんどがいわゆるツアー旅行の一員としての旅であった。

外国語は全く駄目、旅先のあれこれを調べるのもめんどう。だから予備知識もない。そんなわけであるから、同行者のいない個人的な旅行を設定することは全く考えられないのである。

いつも、どの旅行でも、ツアー・コンダクターの旗の後ろにくっついて歩くだけの旅であった。しかし、そういう旅もそれなりに見るべきところを見てきたように思う。

私は写真が大好きであるから、旅行中は常々カメラを携えていたが、ある時期までは海外での俳句作品がほとんどない。俳句は日本独自の文芸であり、日本の風土にしか育たないという思い込みがあったからである。

ところが「知音」の親しい仲間から、「克巳先生は俳句を作ってなんぼでしょ」と言われて少し考えが変わった。

有馬朗人さんや鷹羽狩行さんの海外詠句集を目にして、いっそうその思いを深くした。なるほど確かに俳句を作ってなんぼ、なのである。

一瞬のうちに通り過ぎる旅において、一体どのような事実を見ることができるか、と言われれば確かにその通りである。しかし、ある土地に何年住みついても分らないことはいくらもある。旅人の目を掠めるように映ったことにも真実があるに相違ない。

この紀行文は、とにかく何でも見てやろうという心で、カメラを片手に旅をしてきた記録である。俳句作品もまたスナップショットの域を出ないかもしれない。しかし、それもまた、旅人としての私の目を通してみた記録なのである。

海外旅行の紀行文集を出してみたら、と奨めてくれた深夜叢書社の齋藤愼爾さんには心からお礼申し上げる。もし彼の懇情がなかったら、このような本が日の目を見ることはなかったに違いない。

付記　ここには書かなかったが他に、フランス、イタリア、スイス、オーストリア、北欧四ヶ国、タイ、トルコ、ロシア、韓国、中国、台湾、アラブ首長国連邦などの旅を経験した。

二〇一五年二月

行方克巳

行方克巳　なめかた・かつみ

一九四四年六月二日、千葉県生まれ。俳人。慶應義塾大学文学部在学中より清崎敏郎に師事。一九七一年より、慶應義塾中等部の国語教諭を務める。一九九六年、西村和子とともに「知音」創刊、代表。句集に『無言劇』（一九八四年／東京美術）、『知音』（一九八七年／卯辰山文庫／第十一回俳人協会新人賞受賞）、『昆虫記』（一九九八年／角川書店）、『祭』（二〇〇四年／角川書店）、『阿修羅』（二〇〇九年／角川学芸出版）、『地球ひとつぶ』（二〇一一年／ふらんす堂）。ほかに、第一句集以前の句作や評論をまとめた『漂流記』（二〇〇九年／ふらんす堂）、共著に『名句鑑賞読本　茜の巻』『名句鑑賞読本　藍の巻』（ともに二〇〇五年／角川学芸出版）がある。

世界みちくさ紀行

二〇一五年二月二十四日　初版発行

著　者　行方克巳
発行者　齋藤愼爾
発行所　深夜叢書社
郵便番号　一三四—〇〇八七
東京都江戸川区清新町一—一—三—二〇六
電話〇三—三八六九—三〇〇七

印刷・製本　株式会社東京印書館

ISBN978-4-88032-420-3 C0095